*Vindicación de la sociedad natural*

Edmund Burke
*Vindicación de la sociedad natural*

edición de Frank N. Pagano
traducción de Javier Alcoriza y Antonio Lastra

EDITORIAL TROTTA • LIBERTY FUND

Esta publicación ha sido posible gracias al esfuerzo
conjunto de Liberty Fund, Inc., y Editorial Trotta

COLECCIÓN
LIBERTAD DE LOS ANTIGUOS
LIBERTAD DE LOS MODERNOS

Título original:
A Vindication of Natural Society

© 2009 Liberty Fund, Inc.

8335 Allison Pointe Trail, Suite 300
Indianapolis, IN 46250-1684
Tel.: 00-1-317-842-0880
Fax: 00-1-317-579-6060
http://www.libertyfund.org

Diseño: Estudio Joaquín Gallego

Quedan reservados todos los derechos para las ediciones en lengua española

Editorial Trotta, S.A., 2009
Ferraz, 55. 28008 Madrid
Tel.: 915 430 361
Fax: 915 431 488
e-mail: editorial@trotta.es
http://www.trotta.es

ISBN: 978-84-9879-032-0
Depósito legal: S. 386-2009
Impresión: Gráficas Varona, S.A.

# CONTENIDO

Introducción: *Frank N. Pagano* . . . . . . . . . . . . . . . . . . . . . . .  9

Nota sobre el texto . . . . . . . . . . . . . . . . . . . . . . . . . . . . . . .  17

### VINDICACIÓN DE LA SOCIEDAD NATURAL

Prefacio . . . . . . . . . . . . . . . . . . . . . . . . . . . . . . . . . . . . . . .  21

Carta a lord *** . . . . . . . . . . . . . . . . . . . . . . . . . . . . . . . . .  27

Índice onomástico . . . . . . . . . . . . . . . . . . . . . . . . . . . . . . .  81

Índice analítico . . . . . . . . . . . . . . . . . . . . . . . . . . . . . . . . .  83

# INTRODUCCIÓN

*Frank N. Pagano*

## I

Edmund Burke describió la Revolución francesa como «la [crisis] más asombrosa que haya sucedido hasta ahora en el mundo»[1]. En nada tuvo un efecto tan asombroso como en su reputación. Puesto que la Revolución francesa trazó nuevas líneas políticas y fijaría con su resultado el vocabulario político hasta el presente, Burke, implacable enemigo suyo, ha llegado a nosotros como el principal conservador del mundo de habla inglesa. Sin embargo, Burke se consideraba a sí mismo un *whig* a la antigua usanza.

No había conservadores ni liberales antes de la Revolución[2]. Burke, el *whig* de finales del siglo XVIII, se habría sentido más a gusto en el partido conservador del siglo XIX, el partido de los *tories*, que en el partido *whig* del siglo XIX, que se fundiría con el partido liberal. Hay dos explicaciones sencillas de la actitud de Burke hacia la Revolución y la recomposición del mapa político que ésta trajo consigo: 1) Burke habría cambiado de opinión con la aparición del ímpetu revolucionario en la civilización: la Revo-

---

1. *The Works of Edmund Burke*, Boston: Little, Brown & Co., 12 vols., 1899, vol. III, pp. 243-244. [*Reflexiones sobre la Revolución francesa*, primera parte.]
2. *Ibid.*, vol. IV, pp. 68-69. [«An Appeal From the New to the Old Whigs» (Apelación de los nuevos a los viejos *whigs*).]

lución francesa le habría llevado a volverse conservador en contra de sus viejos principios; 2) la Revolución era completamente nueva; coherente con sus antiguos principios, Burke se opuso a ella, y sus anteriores aliados, en coherencia o no con los suyos, la apoyaron[3]. En la controversia está en juego algo más que la coherencia del pensamiento político de Burke: involucra también la respetabilidad intelectual de los conservadores que, al seguirle, han resistido a los movimientos revolucionarios de la historia moderna.

## II

La vida de Burke fue una trama de contrarios. Nacido en 1729 de padre protestante irlandés y madre católica irlandesa, fue educado para seguir los pasos de su padre en el derecho. Durante la esperada culminación de esa educación en el Middle Temple de Londres, se apartó del derecho y se internó en una oscuridad temporal. La publicación de su primera obra, *Vindicación de la sociedad natural*, en 1756, señaló su emergencia de ese periodo y el principio de su carrera literaria. En dos años, publicaría la *Investigación filosófica sobre el origen de nuestras ideas de lo sublime y de lo bello*, revisaría la *Vindicación* y se convertiría en el editor principal del *Annual Register*, una revista de los acontecimientos, descubrimientos y publicaciones de cada año. En 1759

---

3. Una lista completa de los principales estudios sobre Burke requeriría una bibliografía de considerable extensión. La opinión predominante sobre Burke es cíclica. El último grupo de estudios lo considera incoherente. Véanse, por ejemplo, Michael Freeman, *Edmund Burke and the Critique of Political Radicalism*, Chicago: University of Chicago Press, 1980; Frederick Dreyer, *Burke's Politics*, Waterloo, Ontario: Wilfred Laurier UP, 1979; Isaac Kramnick, *The Rage of Edmund Burke*, New York: Basic Books, 1977. En contraste, los estudios previos insisten en que Burke era coherente. Véanse Francis Canavan, *The Political Reason of Edmund Burke*, Durham, N.C.: Duke UP, 1960; Peter Stanlis, *Edmund Burke and Natural Law*, Ann Arbor, Mich.: University of Michigan Press, 1958; Charles Parkin, *The Moral Basis of Burke's Political Thought*, London: Cambridge UP, 1956; Leo Strauss, *Natural Right and History*, Chicago: University of Chicago Press, 1953, pp. 294-323 [*Derecho natural e historia*, trad. de A. Leiva y R. da Costa, Círculo de Lectores, Barcelona, 2000, pp. 380-414).

encontró un patrón político, William Hamilton, pero seis años después rompió amargamente sus vínculos con él, porque Hamilton quería que Burke suspendiera sus actividades literarias. Paradójicamente, 1765 fue el año en que terminó la carrera literaria de Burke, salvo por la redacción de tratados prácticos. Dejó de editar el *Annual Register* y aceptó el cargo de secretario personal del gran lord *whig*, el marqués de Rockingham, a quien el rey había nombrado primer ministro. Burke entró en la Cámara de los Comunes, donde permanecería durante los siguientes treinta años.

Fueron su carrera parlamentaria y sus escritos sobre asuntos políticos los que le granjearon a Burke su reputación. También aportarían la prueba de su aparente incoherencia. El implacable enemigo de la Revolución francesa desde 1790 hasta su muerte, en 1797, apoyó la Revolución americana en la década de los setenta. A algunos les parece que el autor de las *Reflexiones sobre la Revolución en Francia* (1790) y de la «Apelación de los nuevos a los viejos *whigs*» (1791) argumenta contra el autor del «Discurso sobre los impuestos en América» (1774) y el «Discurso sobre la conciliación con América» (1775). El estadista que convirtió el partido *whig* en el modelo de todos los partidos políticos modernos, rompió en pedazos su obra cuando amenazó con ser el instrumento con el que la Revolución francesa podía introducirse en la política interior de Gran Bretaña. El fiscal durante nueve años (1786-1795) de Warren Hastings, a quien Burke acusó de conquistar la India por la fuerza y el fraude, rechazó el menor desmantelamiento de los llamados burgos podridos con los que la aristocracia controlaba a los miembros y, por tanto, los votos en la Cámara de los Comunes. El defensor solitario de la ampliación de derechos de los católicos irlandeses combatió la extensión del voto en Inglaterra. Al retirarse, en 1795, el campeón de lo establecido, en defensa de su pensión, escribió una *Carta a un noble lord*, una polémica contra el privilegio aristocrático inmerecido. Burke mantuvo siempre que era coherente y que estaba en lo cierto.

III

Aunque la *Vindicación* es la única consideración política puramente teórica que escribió Burke, la búsqueda de sus principios ocasionaría la asombrosa compilación de opiniones que se encuentra en sus diversos escritos sobre asuntos prácticos a los que hizo frente en su tarea parlamentaria. Sin embargo, sus obras prácticas, especialmente los tratados antirrevolucionarios con los que ganaría su reputación conservadora, podrían ser un pobre lugar donde buscar los fundamentos de su conservadurismo. En las obras antirrevolucionarias, por ejemplo, quiso confinar en Francia no sólo la Revolución, sino también su fuente. Pensaba que la Revolución se había originado en una camarilla literaria que incluía a varios filósofos franceses significativos. Negó, durante la Revolución, que ese grupo francés, o cualquier grupo británico comparable, tuviera una influencia duradera sobre los asuntos públicos británicos. Seguramente estaba en lo cierto sobre los británicos a quienes menciona en las *Reflexiones*. Pudo despachar al único escritor relevante con las preguntas: «¿Quién lee ahora a Bolingbroke? ¿Quién lo ha leído del todo?»[4]. Las *Reflexiones* callan respecto a los dos pensadores británicos más importantes, Thomas Hobbes y John Locke, que probablemente influyeron tanto en los filósofos revolucionarios franceses como en los viejos *whigs*. La *Vindicación*, sin embargo, habla de Hobbes y Locke e, implícitamente, los vincula a Henry St. John, vizconde de Bolingbroke, y a su amigo Alexander Pope, y alude a Charles Montesquieu y a Jean-Jacques Rousseau. De todas las obras de Burke, sólo la primera considera directamente los efectos de los pensadores de la Ilustración sobre la constitución británica.

La *Vindicación* no es una obra franca de teoría política. Aunque el pensamiento político de Burke sólo podría aparecer en ella con una fórmula compacta, no es de fácil acceso, pues interpone entre sí mismo y su público un autor ficticio. La obra se publicó anónimamente como una carta atribuida en la portada a «un noble escritor fallecido». En el prefacio de la segunda edición revisada (1757), Burke identificó a Bolingbroke como uno de los autores a los que imitaba o parodiaba. Es dudoso que Burke quisiera convencer a los lectores de que Bolingbroke fuera el verdadero autor de la *Vindicación*. Una de las primeras reseñas

---

4. *The Works of Edmund Burke*, vol. III, p. 349. [«An Appeal From the New to the Old Whigs».]

se percató de la treta y reveló que su autor era un estudiante del Temple[5]. Casi inmediatamente se suscitó otra disputa que ha persistido: ¿era la *Vindicación* una sátira de Bolingbroke o una exposición seria del pensamiento político del joven Burke? Los argumentos han seguido las líneas de los estudios sobre Burke. Quienes defienden que Burke fue un conservador coherente, leen la *Vindicación* como una *reductio ad absurdum* de los argumentos de Bolingbroke y sus camaradas racionalistas[6]. Otros, que buscan la confirmación de la incoherencia de Burke, encuentran una pasión demasiado sincera en la obra para que sea principalmente una sátira[7]. Para ellos, Burke escribió de una manera radical en su obra más juvenil. La edad erosionó su radicalismo hasta transformarlo en el portavoz de los ricos y poderosos.

## IV

La controversia sobre la *Vindicación* envuelve una cuestión fundamental de interpretación: ¿es una sátira o un tratado serio? Tal vez la mejor guía sobre cómo hay que leer esta pieza sea el prefacio a la segunda edición. Según este prefacio, la obra imita y no imita los escritos de Bolingbroke. Adopta su método de escribir «a veces oculto, a veces franco y completo» (p. 23), pero contiene «una trama subyacente de más alcance» (p. 25) que la mera imitación o parodia del autor. Si aceptamos las sugerencias del prefacio, el

---

5. *Critical Review*, junio de 1756, p. 400.

6. *Monthly Review*, julio de 1756, pp. 18-22; T. E. Utley, *Edmund Burke*, London: Longmans, Green & Co., 1957, pp. 16-17; John C. Weston Jr., «The Ironic Purpose of Burke's *Vindication* Vindicated»: *Journal of the History of Ideas* 19 (junio de 1958), pp. 435-441; *Edmund Burke: Selected Writings and Speeches*, ed. de P. Stanlis, Garden City, N.Y.: Doubleday & Co., 1963, pp. 40-41; Frank O'Gorman, *Edmund Burke: His Political Philosophy*, Bloomington, Indiana: Indiana UP, 1973, pp. 17-19.

7. William Godwin, *Enquiry Concerning Political Justice and Its Influences on Morals and Happiness*, 3 vols., Toronto: University of Toronto Press, 1946, vol. I, p. 13, nota; vol. II, pp. 545-546, nota; J. B. Bury, *The Idea of Progress*, London: MacMillan & Co., 1928, pp. 181-182; Elie Halevy, *The Growth of Philosophic Radicalism*, London: Faber & Faber, 1934, pp. 215-216; Murray Rothbard, «A Note on Burke's *A Vindication of Natural Society*»: *Journal of the History of Ideas* 19 (enero de 1958), pp. 114-118; I. Kramnick, *The Rage of Edmund Burke*, cit., pp. 88-89.

énfasis recae en que la *Vindicación* no es un tratado de filosofía política. Cualquiera que sea la filosofía que exponga, sale a la luz en las palabras y la trama de una carta ficticia de un noble escritor anónimo a un joven lord anónimo. Burke es y no es tanto el noble escritor como el joven lord. Es el autor de todas las palabras del noble escritor y suscita todas las pasiones del noble escritor y el joven lord, pero sus caracteres y la trama podrían obligarle a decir mentiras o consentirle nobles mentiras. De hecho, la forma ficticia permite que Burke ponga flagrantemente ante el público verdades impopulares o terribles, que la mayoría de los lectores considerará que pertenecen sólo al noble escritor ficticio y no al autor real. En consecuencia, mientras que la *Vindicación* en su conjunto podría decir la verdad, alguna de sus partes podría ser falsa, pero su parte falsa tal vez no sea la que el lector cree que es.

El noble escritor ficticio ha escrito la carta con un propósito. Trata de persuadir al joven para que no repita los errores que el más viejo y moribundo ha cometido. Su consejo es que evite la política. Para reforzar su consejo, vuelve a los fundamentos de la sociedad y, con esa perspectiva, condena las sociedades civiles de todas las épocas. Gracias a él sabemos que, en una conversación sobre el mismo asunto, previa a la carta, aunque interrumpida al principio, el joven lord aceptaba el principio del noble escritor, pero expresaba el temor de que sus especulaciones llevaran a una condena total de la sociedad. De este modo, ya sea que prefiramos el conservadurismo del joven lord o el radicalismo del noble escritor, ambos están de acuerdo en dos puntos: 1) la búsqueda de los fundamentos de la sociedad nos devuelve al estado de naturaleza; 2) esa vuelta puede subvertir toda la sociedad civil.

La vuelta al estado de naturaleza discurre por una senda que siguieron, primero, Hobbes, luego Locke y podríamos decir que, por último, Rousseau, puesto que llegó al final. La *Vindicación* empieza con el supuesto del liberalismo clásico: el hombre se encontraba en el estado de naturaleza. La sociedad no es divina ni natural, sino artificial. La carta supuestamente vindica la sociedad natural (según la frase de Bolingbroke[8]), pero llama la

---

8. *The Philosophical Works of the Late Henry St. John, Viscount Bolingbroke*, 5 vols., London: David Mallet, 1754, vol. IV, pp. 41-43, 46, 53.

atención que sólo haya tres alusiones a esa sociedad y sólo se la describa una vez. El estado de naturaleza es mencionado doce veces, y algunos aspectos suyos son descritos a lo largo de la carta. La sociedad natural no es la condición original del hombre. Originalmente se encontraba en el estado de naturaleza. La sociedad natural es una breve parada entre el estado de naturaleza y la sociedad civil. Buena parte de la carta resulta tan desconcertante que no es sorprendente que el noble escritor no vindique de una manera obvia la sociedad natural. Tampoco fija su concepción del estado de naturaleza. En algunos pasajes la describe como un estado inconveniente en el que los hombres desean, piensan y obran como lo harían en la sociedad civil. En otra parte la considera un estado idílico en el que los hombres no piensan en absoluto y no tienen necesidades más allá de una sencilla satisfacción natural. El carácter proteico de su descripción del estado de naturaleza le permite atacar a toda la variedad de gobiernos y sociedades. Pero ni siquiera por implicación afirma la carta que los fundamentos de la sociedad hayan de buscarse de otro modo que mediante una vuelta al estado de naturaleza. No hay alternativa al método de los filósofos liberales salvo que no hayan de buscarse en modo alguno los fundamentos de la sociedad.

Aunque los dos personajes coincidan en algunos puntos, el joven lord rebate el argumento del noble escritor de que habría que abandonar la sociedad si no se puede justificar racionalmente. El noble escritor observa que el joven lord argumenta que, dada la condición humana corriente, la sociedad civil es necesaria. El más joven no tiene la misma actitud conservadora hacia la religión revelada o artificial. El prefacio establece que el propósito de la obra era mostrar que el método de ataque empleado contra la religión revelada podría usarse contra la sociedad civil. El noble escritor conoce esa verdad. Es el joven lord quien no se da cuenta de que los asaltos a la religión podrían redundar en la crítica de cualquier gobierno. No vacila en atacar la religión.

Si el joven lord se aferra a su convicción de que la sociedad civil es necesaria, entonces la carta es, para él, una defensa de la religión. El noble escritor insiste una y otra vez en que la sociedad civil no se sostiene sin una religión artificial. No argumenta que la religión artificial sea verdadera, al contrario. Debido a que los fundamentos de la sociedad civil reposan en falsedades, la sociedad civil necesita el apoyo de una religión falsa. Si el joven lord rechaza el consejo del más viejo de evitar la sociedad civil e insiste en entrar en política, el noble escritor le recomienda la hipocresía: que parezca que se adhiere a la religión popular.

No hay una descripción clara de la religión popular (o, a ese respecto, de la religión natural del noble escritor). Lo mejor es asumir que se trata del cristianismo. Hay indicios dispersos de que podría incluir también una medida de la filosofía popular, tal vez la filosofía de los derechos naturales de Locke (p. 48). La modernidad podría haber ocupado ya la conciencia popular y cualquiera que entre en política ha de parecer que se adhiere a una mezcla de filosofía y prejuicio. El noble escritor reprende al joven lord por ese deseo de ser incoherente. En cualquier caso, los motivos para defender la religión residen en su utilidad para la sociedad civil.

V

Lo dicho no dirime la persistente controversia de si la *Vindicación* es satírica o seria, sabia o necia. Según el prefacio, Burke se tomó grandes molestias para que su primera pieza fuera una obra de ocultación. Si es coherente con los principios de sus últimas obras, parte de la confusión que suscita tal vez se deba a su reluctancia a exponer sus principios al escrutinio público. El pensamiento de Burke, libremente manifiesto, podría ser tan amenazador para la sociedad civil como el del más osado de los pensadores ilustrados. En cierto modo, incluso la sustitución de la advertencia a la primera edición por el prefacio de la segunda podría aumentar la dificultad de leer la *Vindicación*. La advertencia planteaba una pregunta fundamental sobre la trama de la obra: ¿cómo llegó a imprimirse la carta? La advertencia admite que el noble escritor no quería que la carta se publicara. En consecuencia, tal vez el joven lord se la proporcionara al editor (o fuera el editor). ¿Se había convencido? ¿Convencido de qué? ¿Llegó a la conclusión de que la carta, como ejemplo extravagante del abuso del pensamiento ilustrado, debía entregarse al público para alertarlo de los peligros reunidos en el grueso de esos escritos? Por fortuna, las introducciones pueden plantear preguntas sin contestarlas.

16

# NOTA SOBRE EL TEXTO

Para que la *Vindicación* pueda leerse de acuerdo con la intención de Burke, he seguido, en la medida de lo posible, el texto de la segunda edición revisada de 1757. Las notas de Burke se indican con un asterisco a pie de página.

Mis notas se indican con un número a pie de página y tienen varios propósitos: proporcionan información histórica sobre las personas y acontecimientos mencionados en el texto; identifican curiosidades textuales y alusiones a otras obras, traducen las citas y señalan sus fuentes originales.

Las variantes se indican con una letra a pie de página. Todas las variantes, con una excepción, son de la primera edición de 1756. La excepción es de la edición de 1757 y parece un error de imprenta que hace el texto ininteligible, por lo que se ha relegado a las variantes. También se incluye entre las variantes la «Advertencia» a la primera edición.

Agradezco a la Universidad de Harvard la oportunidad para consultar en su colección de libros raros de la Houghton Library la primera, segunda y tercera ediciones de la *Vindicación*. El facsímil de la primera página de la segunda edición se reproduce con el permiso de la Houghton Library de la Universidad de Harvard.

Me gustaría dar las gracias a J. Brian Benestad por traducir [al inglés] algunas de las citas latinas de la *Vindicación*.

F. N. P.

# A

# VINDICATION

OF

# NATURAL SOCIETY:

OR,

A View of the MISERIES and EVILS arising
to Mankind from every Species of

# ARTIFICIAL SOCIETY.

In a LETTER to Lord ****

By a late NOBLE WRITER.

The SECOND EDITION:
With a New PREFACE.

LONDON:
Printed for R. and J. DODSLEY, in *Pall-mall*; and
Sold by M. COOPER, in *Pater-noster-row*.
M. DCC. LVII.
[Price One Shilling and Six-pence.]

# VINDICACIÓN DE LA SOCIEDAD NATURAL

o visión de las miserias y males que acarrea a la
humanidad cualquier especie de sociedad artificial,
en una carta a lord ***
de un noble escritor fallecido

# PREFACIO[a]

Antes de que aparecieran las *Obras filosóficas* de lord Boling-broke[1], grandes cosas se esperaban del ocio de un hombre que

1. Henry St. John, vizconde de Bolingbroke (1678-1751), estadista in-glés que llegó a ser, con Harley, secretario de Estado de la reina Ana y que negoció el tratado de Utrecht (1713). Cuando Jorge I subió al trono y formó un gobierno *whig* con Walpole, Bolingbroke, amenazado de destitución, huyó a Francia, volvió, huyó de nuevo y se instaló, por fin, en Gran Bretaña tras la salida de Walpole de la política. En Gran Bretaña, Bolingbroke se sirvió de un nuevo periódico, el *Craftsman*, para oponerse a los *whigs*. Sus *Obras filosóficas* (*Philosophical Works*, 5 vols., London, 1754) fueron publicadas anónimamente por David Mallet. El vizconde fue amigo también de Alexander Pope, que em-pezaría su *Essay on Man* con una exhortación para que St. John despertara.

Gran parte de la crítica asume que el «noble escritor» de la *Vindicación* es una caricatura de Bolingbroke y la obra una mera sátira de su filosofía. Los es-tudiosos de Bolingbroke, sin embargo, insisten en que los argumentos de la *Vin-dicación* no son una representación estricta de su filosofía. Véase Walter Sichel, *Bolingbroke and His Times*, 2 vols., New York: Haskell House Publishers, 1968, vol. II, pp. 439-447, y J. B. Cressman, «Burke's Satire on Bolingbroke in *A Vin-dication on Natural Society*» (tesis doctoral, University of Michigan, 1958). De hecho, el nombre de lord Bolingbroke no aparece en el cuerpo de la *Vindicación* y sólo aparece tres veces en el prefacio (pp. 21, 23 y 26). El editor anónimo, que escribe el prefacio, se refiere a Bolingbroke como «este noble escritor» (p. 23), pero lo asocia con «otros». Pertenece a un grupo de escritores que podrían compartir el carácter y filosofía del noble escritor de la *Vindicación*. Entre esos escritores se cuentan, probablemente, los filósofos modernos a los que explícita e implícitamente se alude en la obra.

a. *Advertencia a la primera edición*. La siguiente carta parece haber sido escrita en el año 1748, y no es necesario indicar la persona a la que se dirigía. Como es probable que el noble escritor no tuviera el propósito de que aparese había retirado de la espléndida escena de la acción —en la que su talento le había capacitado para forjar una figura tan ilustre— para emplear ese talento en la investigación de la verdad. La filosofía empezaba a congratularse de semejante prosélito del mundo de los negocios y esperaba haber extendido su poder bajo los auspicios de ese guía. En medio de esas gratas expectativas, las obras aparecieron al fin *en toda su envergadura* y con gran pompa. Quienes indagaron en ellas nuevos descubrimientos en los misterios de la naturaleza; quienes tenían la expectativa de algo que explicara o dirigiera las operaciones mentales; quienes esperaban ver ilustrada y reforzada la moralidad; quienes recababan nuevas ayudas para la sociedad y el gobierno; quienes deseaban contemplar el dibujo de los caracteres y pasiones de la humanidad, en suma, todos cuantos consideraban tales cosas filosofía, y requerían algunas en todo trabajo filosófico, quedaron, desde luego, decepcionados: encontraron los hitos de la ciencia en el mismo lugar que antes y pensaron que no habían recibido sino una pobre recompensa por su decepción al ver cómo cualquier modo de religión era atacado de una manera vivaz y se minaba el fundamento de las virtudes y de los gobiernos con gran arte y demasiada ingenuidad. ¿Qué provecho sacamos de esos escritos? ¿Qué placer puede encontrar un hombre al emplear una capacidad que podría ejercer con utilidad con los propósitos más nobles en una labor adusta en la que, si el autor tuviera éxito, estaría obligado a confesar que nada podría ser más fatal para la humanidad que su éxito?

No logro imaginar cómo esa clase de escritores se propone alcanzar lo que finge tener en perspectiva con los instrumentos que emplea. ¿Fingen exaltar el espíritu humano demostrando que el hombre no es mejor que una bestia? ¿Creen reforzar la práctica de la virtud negando que el vicio y la virtud se distinguen por la buena o la mala fortuna aquí, y después por la felicidad o la

ciera en público, esto explica que no se haya guardado copia de ella y, en consecuencia, que no haya aparecido junto al resto de sus obras. Por qué medios llegó a manos del editor no es del todo relevante para el público, más allá de que una explicación semejante autentificara que es genuina, por lo que se pensó que podía quedar a salvo en su propia evidencia interna.

miseria? ¿Se imaginan que aumentarán nuestra piedad y nuestra confianza en Dios al desacreditar su providencia e insistir en que no es justo ni bueno? Ésas son las doctrinas que, a veces ocultas, a veces franca y completamente manifiestas, prevalecen a lo largo de los escritos de lord Bolingbroke, y ésos son los razonamientos que este noble escritor y otros se complacen en dignificar con el nombre de filosofía. Aunque los establecen de una manera especiosa y con un estilo por encima de lo común, no les faltan admiradores tan dóciles como pueda desearse en los discípulos. A ellos se dirige el editor de la siguiente pieza: no hay razón para seguir ocultando su propósito.

El propósito era mostrar que, sin empeñar fuerzas considerables, los mismos medios que se han empleado para destruir la religión podrían emplearse con igual éxito para la subversión del gobierno, y que podrían usarse argumentos especiosos contra aquellas cosas que quienes dudan de todo lo demás no permitirían que fueran puestas en entredicho. Creo que es una observación de Isócrates, en uno de sus discursos contra los sofistas, la de que es mucho más sencillo mantener una causa equivocada, y respaldar opiniones paradójicas para satisfacer a un auditorio vulgar, que establecer una verdad dudosa con argumentos sólidos y concluyentes[2]. Cuando los hombres descubren algo que puede decirse a favor de lo que, en la misma proposición, pensaban

---

2. Isócrates (436-338 a.C.), orador ateniense y discípulo del filósofo Sócrates. El argumento que el editor parafrasea no se encuentra en el discurso «Contra los sofistas», aunque hay uno con ese título, sino en la «Antídosis». Antídosis era un juicio en que el acusado tenía que demostrar que era demasiado pobre para correr con los gastos de la guerra griega. Tras perder un juicio semejante, Isócrates compuso su «Antídosis» para defender su dedicación vital a la sabiduría. Sus argumentos son muy parecidos a los que se encuentran en la *Apología de Sócrates*.

El argumento específico al que se hace referencia en el texto lo establece Isócrates al dirigirse a su pupilo, el general ateniense Timoteo. Véase Isócrates, «Sobre el cambio de fortunas (Antídosis)». El orador indica que, en Atenas, el éxito político depende de adular a los demagogos. La lógica de la observación sugiere que Timoteo habría de adularlos, algo que tanto él como Isócrates consideran deshonroso, o abandonar la política, un acto que supondría una pérdida grave para la ciudad. Timoteo se vio obligado a huir de Atenas y murió en el exilio.

que era completamente indefendible, se vuelven recelosos de su propia razón y caen en una especie de grata sorpresa: secundan al orador, seducidos y cautivados por encontrar una cosecha tan abundante de razonamiento donde todo parecía estéril e infructuoso. Ésa es una tierra encantada de la filosofía. Con frecuencia sucede que esas gratas impresiones de la imaginación persisten y producen su efecto, incluso después de que el entendimiento haya quedado satisfecho de su naturaleza insustancial. Hay una especie de brillo en las falsedades ingeniosas que turba la imaginación, aunque no se corresponde con el sobrio aspecto de la verdad ni llega a adquirirlo. He dado con una cita en los *Informes* de lord Coke que me gusta mucho, aunque no sé de dónde la ha tomado: *Interdum fucata falsitas* —dice— *in multis est probabilior, et saepe rationibus vincit nudam veritatem*[3]. En esos casos, la conciencia inspira al escritor cierto ardor y alacridad de modo que, cualquiera que sea su tema, su ingenuidad se asegure el aplauso. Esa alacridad crece si el escritor obra a la ofensiva, con la impetuosidad que siempre acompaña a un ataque y la desafortunada propensión de la humanidad a los fallos inventados y exagerados. Al editor le satisface que quien no se contiene por la sensación de su propia debilidad, de su rango subordinado en la creación y del extremo peligro de dejar suelta la imaginación en ciertos asuntos, acometa plausiblemente cuanto hay de más excelente y venerable; que no sea difícil criticar la creación misma y que, si examinamos la fábrica divina con nuestras ideas de la razón y de lo adecuado, usando el mismo método de ataque con el que algunos hombres han asaltado la religión revelada, podamos,

---

3. «En ocasiones, la falsedad inventada en muchas cosas es más probable y conquista con razones la verdad desnuda». *Sir* Edward Coke (1552-1634), jurista inglés y presidente del tribunal del rey. Los *Reports* (Informes) son comentarios sobre decisiones de la ley común que tratan de reforzar la coherencia de todas las decisiones con principios antiguos. Coke se hizo célebre por aducir citas latinas para defender su posición argumentando que eran máximas antiguas o reglas legales. El editor sugiere que la cita es un ejemplo de tales máximas inventadas. Aunque podría aparecer en alguno de los volúmenes de los *Informes*, he sido incapaz de encontrarla. Es posible que la compusiera el editor anónimo y, empleando el método de Coke, la atribuyera falsamente a los *Informes*.

con la misma frescura y el mismo éxito, hacer que la sabiduría y el poder de Dios en su creación no les parezcan a muchos mejor que la locura. Hay un aire de plausibilidad que acompaña a los razonamientos y nociones vulgares tomados del gastado círculo de la experiencia ordinaria que es admirablemente adecuado a las escasas capacidades de unos y la pereza de otros. Pero esa ventaja se pierde en gran parte cuando hay que llevar a cabo un examen doloroso y comprehensivo de una materia muy complicada, que requiere una gran variedad de consideraciones; cuando hemos de buscar en un asunto profundo no sólo argumentos, sino materiales nuevos para el argumento, su medida y su método de disposición; cuando hemos de salir de la esfera de nuestras ideas ordinarias y no podemos caminar con seguridad salvo si somos conscientes de nuestra ceguera. Hemos de hacerlo, o no haremos nada, cada vez que examinamos el resultado de una razón que no es la nuestra. Incluso en cuestiones que están, por decirlo así, a nuestro alcance, ¿qué sería del mundo si la práctica de los deberes morales y los fundamentos de la sociedad dependieran de que cada individuo tuviera claras y demostradas las razones?

El editor sabe que el asunto de esta carta no ha sido tratado de un modo tan completo como podría; no era su propósito decir todo cuanto podía decirse[4]. Habría sido inexcusable llenar un gran volumen con el abuso de la razón, abuso que no habría sido tolerable en unas pocas páginas si no hubiera una trama subyacente de más alcance que el propósito aparente.

Algunas personas han pensado que las ventajas del estado de naturaleza tendrían que haberse expuesto de una manera más completa. Ése habría sido, sin duda, un asunto muy amplio para la declamación, pero no han tenido en cuenta el carácter de esta pieza. Los escritores contrarios a la religión, aunque se oponen a todo sistema, son sabiamente cuidadosos en no establecer ninguno propio. Si se encuentran algunas imprecisiones de cálculo, de

---

4. Éste es el único lugar del prefacio en que el editor deja caer en parte su disfraz y admite que es el autor de la pieza. Sin embargo, no se identifica como Edmund Burke. Además, dejar caer el velo de la ficción precede a la revelación más sorprendente de que ni siquiera el prefacio expone por completo la «trama subyacente de más alcance que el propósito aparente», a la que se alude a continuación en el texto.

razonamiento o de método, tal vez no las computen como fallos los admiradores de lord Bolingbroke, los cuales, teme el editor, observarán mucho más del carácter de su señoría en algunos aspectos de la carta de lo que es probable que encuentren en el rápido torrente de una elocuencia impetuosa y abrumadora y de la variedad de ricas imágenes por las que el escritor es justamente admirado.

# CARTA A LORD ***

¿Me aventuraré a decir, milord, que en nuestra última conversación os inclinabais al partido que habéis adoptado más bien por los sentimientos de vuestro buen natural que por la convicción de vuestro juicio? Pusimos al descubierto los fundamentos de la sociedad y temisteis que la curiosidad de esa indagación provocara la ruina de toda la fábrica. Aprobasteis en seguida mi principio, pero os mostrasteis receloso de las consecuencias. Pensabais que, una vez empezados esos razonamientos, nos veríamos llevados insensible e irresistiblemente más lejos de lo que al principio imaginábamos o deseábamos. Pero, por mi parte, milord, yo pensaba, y mantengo la misma opinión, que es peligroso el error, y no la verdad de ninguna clase; que las conclusiones desacertadas sólo se desprenden de falsas proposiciones y que, para saber si una proposición es verdadera o falsa, es un método absurdo examinarla por sus consecuencias aparentes.

Ésas fueron las razones que me indujeron a ir tan lejos en la investigación, y son las razones que me guían en todas mis investigaciones. A menudo he reflexionado sobre el asunto antes de decidirme a comunicar mis reflexiones a nadie. Por lo común son bastante melancólicas, como suelen serlo las que nos llevan más allá de la mera superficie de las cosas, y harían, sin duda, que las vidas de los hombres fueran extremadamente miserables si la misma filosofía que causa el pesar no administrara al mismo tiempo el consuelo.

Al considerar las sociedades políticas, su origen, su constitución y sus efectos, me he mostrado a veces mucho más que dubitativo respecto a si el Creador se propuso verdaderamente que el hombre se encontrara en un estado de felicidad. Mezcló en su copa muchos males naturales[1] (a pesar de las jactancias del estoicismo[2], son males), y todos los esfuerzos que el arte y la prudencia de la humanidad han puesto desde el principio del mundo hasta este día para aliviarlos, o curarlos, sólo han servido para introducir nuevos daños o agravar e inflamar los viejos. Además, el propio espíritu humano es un principio demasiado activo e inquieto para detenerse en el punto exacto de la tranquilidad. Descubre cada día una necesidad anhelante en un cuerpo que, en realidad, necesita poco. Inventa cada día una nueva regla artificial para guiar a una naturaleza que, dejada a sí misma, sería la mejor y más segura guía. Encuentra seres imaginarios que prescriben leyes imaginarias y luego suscita terrores imaginarios para apoyar

---

1. Ésta es la primera mención de la palabra «males». A pesar del título alternativo, la *Vindicación* asocia primero los males con la naturaleza. Las miserias, sin embargo, se asocian siempre con la sociedad artificial. Cf. la concepción de la miseria en la primera parte del *Discurso sobre el origen y los fundamentos de la desigualdad entre los hombres* de Rousseau.

2. Los estoicos eran miembros de una antigua escuela filosófica, fundada por Zenón de Citio (*ca.* 334-*ca.* 262 a.C.). Se reunían en la *stoa poecile* (el pórtico pintado), donde Zenón daba sus lecciones. Los estoicos pensaban que ser feliz es practicar la virtud y que el placer y el dolor no proporcionan verdaderamente la felicidad. Véanse el *Enquiridión* de Epicteto o las *Meditaciones* de Marco Aurelio. Para una comprensión de los estoicos contemporánea de Burke y la única en la que podía pensar cuando escribía, véase Charles de Montesquieu, *Del espíritu de las leyes*, libro 24, cap. 10.

La referencia a los estoicos señala la introducción de la influencia de una escuela rival de filosofía antigua, la epicúrea, llamada así por su fundador, Epicuro (341-271 a.C.). El epicureísmo, en contraste con el estoicismo, es una forma de hedonismo. Según los epicúreos, la felicidad se encuentra en el placer de la contemplación y en la evitación del dolor y las preocupaciones políticas. La copa que el noble escritor describe como el lugar donde el Creador mezcla los componentes del destino humano es una alusión al poema del epicúreo romano Lucrecio *De rerum natura* (I, 248-251; IV, 1-25). Lucrecio emplea la imagen de la copa para explicar la naturaleza de su arte poético. Como médico, mezcla la miel de sus palabras con la amargura de su filosofía epicúrea. El poeta llena la copa y revela lentamente los males de la naturaleza. Para la valoración burkeana de *De rerum natura* y el epicureísmo, véase *The Works of Edmund Burke*, vol. VII, p. 251 [«An Essay towards an Abridgment of the English History in Three Books»].

la creencia en esos seres y la obediencia a las leyes. Se han dicho muchas cosas, y muy bien, sin duda, sobre la sujeción al gobierno del entendimiento en la que deberíamos mantener nuestros cuerpos, pero no se ha dicho bastante sobre la restricción que nuestras necesidades corporales deberían imponer a las extravagantes sublimidades y excéntricos vagabundeos de nuestro espíritu. El cuerpo o, como a algunos les gusta llamarlo, nuestra naturaleza inferior, es más sabio a su sencillo modo y atiende sus asuntos de una manera más directa que el espíritu, con toda su ufana sutileza.

En el estado de naturaleza[3], sin discusión, la humanidad estaba sometida a muchos y grandes inconvenientes. La falta de unión, de mutua ayuda, de un árbitro común al que acudir en sus diferencias, eran males que la humanidad tuvo que padecer con severidad en numerosas ocasiones. Los hijos originales de la tierra vivían con sus hermanos de otras especies con gran igualdad. Su dieta debía de estar limitada casi por completo a vegetales, y el mismo árbol que en su estado floreciente producía bayas para ellos, en su declive les daba alojamiento. El deseo mutuo de los sexos uniría cuerpos y afectos, y los hijos[a], que eran el resultado de esos encuentros, introducirían por primera vez la noción de sociedad y mostrarían sus ventajas. Llamaré a esa sociedad, basada en los apetitos e instintos naturales y no en una institución positiva, sociedad natural[4]. Hasta ahí llegó la naturaleza y tuvo

---

3. Incluyendo el prefacio, la expresión «estado de naturaleza» aparece, creo, doce veces. El noble escritor no describe ese estado coherentemente. Su primera descripción admite que tiene males e inconvenientes, en una reminiscencia de la descripción de Locke. Véase el *Segundo tratado sobre el gobierno civil*, caps. 2 y 3, y compárese con el prefacio de la *Vindicación*, p. 25.

4. El término «sociedad natural» aparece tres veces en la carta y sólo se describe aquí. La alusión textual primordial para este pasaje es el capítulo 7 del *Segundo tratado sobre el gobierno civil* de Locke, «De la sociedad política o civil». Es sorprendente que el noble escritor remita a la descripción de Locke de la primera sociedad artificial en la única y breve descripción de la sociedad natural. Tal vez siguiera la corrección que Bolingbroke hizo a Locke. Véase *The Philosophical Works of the Late Henry St. John, Viscount Bolingbroke*, cit., vol. IV, pp. 41-53, 107-109. Por otra parte, las alusiones a *De rerum natura* de Lucrecio (V, 783-863, 935-950) y al *Discurso sobre el origen y los fundamentos de la desigualdad entre los hombres* de Rousseau sugieren que el noble escritor sigue el recurso lucreciano de Rousseau y las correcciones de Locke y Bolingbroke.

a. [...] afectos, los hijos [...]

éxito, pero el hombre iría más lejos. El gran error de nuestra naturaleza es no saber dónde detenerse, no estar satisfecha con ninguna adquisición razonable, no aceptar nuestra condición y perder todo lo ganado en una insaciable búsqueda de algo más. El hombre encontró una ventaja considerable al unirse a muchas personas para formar una familia; juzgó, por tanto, que la proporción aumentaría al unir muchas familias en un cuerpo político. Como la naturaleza no ha formado ningún lazo de unión para mantenerlas juntas, el hombre suplió ese defecto con las leyes.

Ésa es la sociedad política[5] de la que brotan las fuentes de lo que solemos llamar Estados, sociedades civiles o gobiernos, en alguna de cuyas formas, más extensas o restringidas, toda la humanidad ha ido gradualmente cayendo. Puesto que ha sucedido así y debemos una implícita reverencia a las instituciones de nuestros ancestros, consideraremos esas instituciones con la modestia con la que debemos comportarnos al examinar una opinión recibida, pero con toda la libertad y el candor que le debemos a la verdad dondequiera que la encontremos, aunque contradiga nuestras nociones o se oponga a nuestros intereses. Algunos fanáticos y entusiastas aceptan el más absurdo y audaz método de razonamiento, al que por miedo asienten hombres más sabios y mejores; es éste: se oponen a una discusión imparcial de los prejuicios populares porque dicen que, aunque carecieran de todo apoyo razonable, descubrirlo depararía consecuencias muy peligrosas. ¡Absurda y blasfema noción! Como si la felicidad no estuviera unida a la práctica de la virtud, que depende necesariamente del conocimiento de la verdad, es decir, del conocimiento de las relaciones inalterables que la Providencia ha ordenado que todas las cosas mantengan entre sí[6]. Esas relaciones, que son la verdad misma, el fundamento de la virtud y, en consecuencia, la única medida de la felicidad, habrían de ser igualmente las únicas medidas que guiaran nuestro razonamiento. Deberíamos ajustarnos a ellas en serio y no pensar en forzar la naturaleza, y el orden completo del sistema, en complicidad con nuestro orgullo y locura, a ajustarse a nuestras regulaciones artificiales. A la conformidad con

---

5. Es una expresión de Locke. Véase la nota anterior.
6. Cf. Ch. Montesquieu, *Del espíritu de las leyes*, libro 1, cap. 1.

este método debemos el descubrimiento de las pocas verdades que conocemos y la poca libertad y felicidad racional de la que disfrutamos. Hemos jugado de una manera algo más limpia de lo que habría podido esperar un razonador anterior y obtenemos ventajas visibles de todo ello.

La fábrica de la superstición ha recibido en nuestra época y en nuestra nación golpes muchos más duros que nunca, y a través de las grietas y hendiduras de nuestra prisión vemos destellos de luz y sentimos un aire fresco de libertad que aumentan diariamente nuestro ardor. Han quedado expuestas clara y útilmente las miserias que la superstición, con el nombre de religión, y la tiranía eclesiástica, con el nombre de gobierno de la Iglesia, han acarreado a la humanidad. Empezamos a pensar y obrar por medio de la razón y la naturaleza a solas. Esto es cierto de algunos, pero la mayoría sigue estando con mucho en el mismo estado antiguo de ceguera y esclavitud, y es de temer que recaigamos continuamente mientras la verdadera causa de toda esa locura supersticiosa, el sinsentido entusiasta y la tiranía sagrada, ocupe un lugar de reverencia en la estimación incluso de quienes son, en otras cosas, ilustrados.

El gobierno civil toma prestada parte de su fuerza del eclesiástico, y las revelaciones artificiales sancionan las leyes artificiales. Las ideas de la religión y el gobierno están estrechamente relacionadas y, mientras aceptemos que el gobierno es necesario, e incluso útil para nuestro bienestar, a pesar nuestro deduciremos como una consecuencia necesaria, aunque indeseable, algún tipo de religión artificial. El vulgo siempre será al respecto un esclavo voluntario e incluso quienes tengan una categoría superior de entendimiento percibirán antes o después su influencia. Es, por tanto, de la mayor importancia para nosotros acertar en este punto y estar satisfechos respecto a si el gobierno es un protector de los males naturales y una nodriza y aumenta las bendiciones, como prometen quienes tienen una imaginación ardiente. En esa discusión estoy lejos de proponer en modo alguno que reflexionemos sobre la forma más sensata de gobierno que tenemos, como lo estaría, en las partes más libres de mis escritos filosóficos, de oponerme a la piedad, la verdad y la perfección de nuestra excelente Iglesia. Entiendo que gobierno e Iglesia tienen sus fundamentos en una roca. No hay descubrimiento de la verdad que pueda pre-juzgarlos. Por el contrario, cuanto más de cerca se examine el origen de la religión y el gobierno, más claramente aparecerán sus excelencias. Salen purificados del fuego. No es asunto mío. Habiendo elevado una protesta contra todas las objeciones por esta parte, puedo investigar con más libertad, por medio de la historia y la experiencia, hasta dónde la prudencia ha contribuido en todas las épocas a aliviar esos males que la Providencia, que tal vez haya previsto para nosotros un estado de imperfección, nos ha impuesto; hasta dónde nuestra habilidad médica ha curado nuestros desórdenes constitucionales y si no ha introducido otros nuevos que ninguna habilidad podría curar.

Al examinar cualquier Estado para formarse un juicio al res-pecto se nos presenta a una luz exterior y otra interior: la prime-ra, la relación que mantiene en términos de amistad o enemistad con otros Estados; la segunda, la relación que mantienen entre sí sus partes componentes, el gobierno y los gobernados. La prime-ra parte, la perspectiva exterior de todos los Estados, su relación como amigos, ofrece una figura tan trivial en la historia que sien-to mucho decir que apenas me importa sobre cuál explayarme. Los buenos oficios de una nación con su vecino\*, el apoyo en los desastres públicos, la ayuda ofrecida en la calamidad general, la protección garantizada en el peligro emergente, el intercambio mutuo de amabilidad y cortesía, depararían un tema muy amplio y grato para la historia. Pero, ¡ay!, la historia de todas las épocas, en todas las naciones, no aporta materia suficiente para llenar diez páginas, aunque la devanáramos de una ampliación sutil del propio Guicciardini[7]. El lado resplandeciente es el de la enemis-tad. La guerra es el asunto que llena la historia y, en consecuen-

---

\* Si su señoría hubiera vivido hasta nuestros días y hubiera visto la noble ayuda que esta nación ha dado a los desgraciados portugueses, tal vez habría confesado que esta parte de su argumento se debilitaba, pero no nos considera-mos autorizados a alterar las palabras de su señoría, sino que estamos obligados a seguirle exactamente. [El editor puede referirse al terremoto de 1755 que destruyó Lisboa.]

7. Franceso Guicciardini (1483-1540), estadista e historiador italiano. Pudo ser el primer discípulo influyente de Maquiavelo, aunque es dudoso hasta qué punto Guicciardini abrazó la filosofía política de su amigo. Véase la nota siguiente.

cia, la única o casi la única perspectiva con la que podemos contemplar el exterior de la sociedad política tiene una forma hostil, y las únicas acciones que siempre hemos visto y seguimos viendo que todos intentan, tienden a la destrucción recíproca. La guerra, dice Maquiavelo[8], debería ser el único estudio de un príncipe, y por príncipe se refiere a cualquier clase de Estado constituido. El príncipe, dice este gran doctor político, debería considerar que la paz es sólo un respiro que le da tiempo para ingeniar y hacer acopio de habilidad para llevar a cabo planes militares. Una meditación sobre la conducta de las sociedades políticas llevó al viejo Hobbes[9] a imaginar que la guerra era el estado de naturaleza y, desde luego, si alguien juzgara a los individuos de nuestra raza por su conducta cuando se unen y forman naciones y reinos, podría imaginar que la virtud era innatural y extraña al hombre.

Los primeros relatos que tenemos de la humanidad son relatos de sus matanzas[a]. Todos los imperios se han cimentado en sangre y, en los periodos tempranos, cuando la raza de la humanidad empezó a formar partidos y combinaciones, el primer

8. Niccolò Machiavelli o Maquiavelo (1469-1527), estadista y filósofo italiano que rompió con la antigua tradición filosófica establecida por Sócrates, Platón y Aristóteles. Las principales obras de Maquiavelo son los *Discursos sobre la primera Década de Tito Livio* y *El príncipe*, a cuyo capítulo 14 se alude aquí. El noble escritor se fija en el motivo político fundamental que separa a los antiguos de los modernos. Los antiguos insistían en las relaciones internas y consideraban las relaciones exteriores, con sus guerras inevitables, como males necesarios. Maquiavelo evalúa la política primordialmente con la perspectiva de las relaciones exteriores y la guerra. En su opinión, las relaciones internas sólo son una variedad de la guerra o de las relaciones exteriores.

9. Thomas Hobbes (1588-1679), filósofo inglés cuya obra más conocida es *Leviatán*. Fue el primer pensador moderno en desarrollar la doctrina del estado de naturaleza y distinguirlo del estado civil. Adaptando a Maquiavelo, Hobbes estableció que el estado de naturaleza es la guerra de todos contra todos (véase *Leviatán*, cap. 13). El noble escritor critica a Hobbes con palabras muy parecidas a las que Rousseau emplearía contra todos los filósofos que, antes de Rousseau, imitaban a Hobbes y trataban de volver al estado de naturaleza. Rousseau dice lo siguiente al inicio de su *Discurso sobre el origen y los fundamentos de la desigualdad entre los hombres*: «Los filósofos que han examinado los fundamentos de la sociedad han sentido la necesidad de volver al estado de naturaleza, pero ninguno lo ha conseguido [...]. Hablan del hombre salvaje y describen al hombre civil».

a. [...] relatos de sus matanzas recíprocas.

efecto de la combinación y, en realidad, el fin para el que parecía formada deliberadamente y calculada a la perfección, es su destrucción mutua. La historia antigua es oscura e incierta. Algo, sin embargo, es claro. Hubo en aquellos días conquistadores y conquistas y, en consecuencia, devastación, para la que se habían formado los conquistadores, y opresión, por la que se mantenían. Sabemos poco de Sesostris[10], salvo que sacó de Egipto un ejército de setecientos mil hombres; que asoló la costa mediterránea hasta la Cólquide; que en algunos lugares apenas encontró resistencia y, por supuesto, no derramó una gran cantidad de sangre, y en otros encontró un pueblo que conocía el valor de sus libertades y las vendió caras. Quien considere el ejército que este conquistador encabezaba, el espacio que atravesó y la oposición que, con frecuencia, encontró, junto a los accidentes naturales de la enfermedad y la escasez y el mal estado de las provisiones a los que tuvo que estar sujeto en la diversidad de climas y países por los que marchaba, si algo sabe, sabrá que incluso el ejército del conquistador tuvo que sufrir mucho y que, de su inmenso número, sólo una pequeña parte volvería para disfrutar del botín acumulado por la pérdida de tantos compañeros y la devastación de una parte tan considerable del mundo. Considerando, como digo, el vasto ejército encabezado por ese conquistador, cuya inmanejable extensión era suficiente para abatir su fuerza, estaremos lejos de exagerar si suponemos que la mitad se perdió durante la expedición. Si ésa era la situación de los victoriosos, y por las circunstancias al menos tiene que haberlo sido, los vencidos[a] tuvieron

10. Sesostris es el nombre de varios reyes egipcios. Según el historiador romano Justino, de quien el noble escritor toma estos incidentes, Sesostris I (m. 1926 a.C.) condujo a su ejército a través de Asia para forzar a sus pueblos a reconocer la preeminencia de Egipto mediante algún tipo de tributo. Los escitas se resistieron a la invasión de su país y Sesostris huyó, abandonando a su ejército. Los escitas retomaron entonces con éxito la empresa de Sesostris. El cálculo de las bajas no es de Justino. Cf. John S. Watson, *Justin, Cornelius, Nepos, and Eutropius*, London: George Bell & Son, 1890, p. 2. Muchas variantes de la primera edición indican que las estadísticas de bajas son invención de Burke y que las cambiaba a su antojo.

a. [...] los conquistados, las naciones que perdieron su libertad y las que lucharon juntas por ella, tuvieron que sufrir una pérdida mucho mayor. Tuvieron que perder al menos el doble, pues la matanza mayor [...]

que sufrir una pérdida mucho mayor, pues la matanza mayor se produce siempre en la huida y la gran carnicería acompañaba en aquellas épocas y países al primer furor de la conquista[a]. Sería razonable conceder que su cuenta, añadida a las pérdidas del conquistador, ascendiera a un millón de muertos, y entonces veríamos a ese conquistador, el más antiguo que la historia registra (aunque, como ya hemos observado, la cronología de aquellos tiempos remotos es incierta), entrar en escena con una destrucción de al menos un millón[b] de sus semejantes, provocada sólo por su ambición, sin otros motivos que el orgullo, la crueldad y la locura y sin beneficio alguno para sí mismo (pues Justino nos dice expresamente que no conservó sus conquistas), sólo para hacer sentir a tanta gente, en países muy distantes, el azote tan severo que la Providencia reserva a la raza humana cuando le da a un hombre poder sobre tantos y arma su furor débil, y naturalmente impotente, con las manos de millones, que no conocen otro principio común de acción que la ciega obediencia a las pasiones de su gobernante.

El siguiente personaje que figura en las tragedias de este antiguo teatro es Semíramis[11], pues no tenemos noticias de Nino, salvo que hizo inmensas y rápidas conquistas, que sin duda no se lograrían sin la carnicería habitual. Vemos un ejército de tres millones empleado por esa reina marcial en una guerra contra los

11.   Semíramis era la mujer de Nino, rey de Asiria, que no es el desconocido que el noble escritor pretende que sea. De hecho, Justino empieza su historia con Nino porque fue quien inventó el imperio, es decir, una unidad política comprendida, sobre todo, por pueblos conquistados. En Justino, la monarquía empieza por el consentimiento, y Nino la pervierte. Sesostris y los escitas no hicieron conquistas territoriales. Es ésta una disputa fundamental sobre la fundación de las monarquías y tal vez de la sociedad civil en su conjunto. En contraste con Justino y Locke, que se refiere a Justino a este respecto (véase la sección 103 del *Segundo tratado*), el noble escritor mantiene que el propósito original de la sociedad civil sirve a la conquista.

Semíramis puede considerarse con todo derecho la primera usurpadora. A la muerte de Nino, suplantó a su hijo, el verdadero heredero. Aunque su campaña india fracasó, sus conquistas fueron exitosas. Boccaccio afirma que mantenía una relación incestuosa con su hijo y que, por vergüenza, él la mató. Véase Giovanni Boccaccio, *De claris mulieribus*, cap. 4.

a.   [...] furor de la conquista. Ese conquistador, el más antiguo [...]
b.   [...] un millón ochocientos mil [...]

indios. Vemos a los indios juntando otro mucho mayor y vemos una guerra librada con mucha furia y éxito diverso, que acaba con la retirada de la reina[a], con apenas un tercio de las tropas empleadas en la expedición, una expedición que, si fue así, tuvo que costarle dos millones de almas, y es razonable juzgar que el país que fue el escenario de la guerra tuvo que sufrir por igual. Pero me alegra restar a este cálculo y suponer que los indios perdieron sólo la mitad, de modo que la suma quedaría así:[b] sólo en esta guerra (pues Semíramis mantuvo otras), en ese solo reinado y en esa única parte del globo, expiraron tres millones[c] de almas, con todas las horrendas y conmovedoras circunstancias que concurren en las guerras, en una lucha que no concernía racionalmente a ninguno de los que las sufrieron.

Las monarquías babilonia, asiria, meda y persa[12] tuvieron que verter mares de sangre en su formación y en su destrucción. Todo el mundo conoce los ejércitos y flotas de Jerjes, su número, la gloriosa resistencia que se les opuso y el desafortunado acontecimiento de su poderosa preparación. En esa expedición, que drenó media Asia de sus habitantes, condujo a un ejército de casi dos millones a que fuera masacrado, y devastado, por mil accidentes fatales, en el mismo lugar donde sus predecesores, por una locura similar, habían echado a perder la flor de tantos reinos y devastado la fuerza de un imperio tan extenso. Es un cálculo sencillo decir que el Imperio persa, en sus guerras contra los griegos y escitas,

---

12. Esta historia procede geográficamente de este a oeste más que cronológicamente. Es un registro del derramamiento de sangre de la civilización occidental. El noble escritor no da fechas en la carta. Indica la relación entre los acontecimientos con frases como «por aquella época» (véase p. 41), que no siempre son precisas. Tal vez siguiera la práctica de Montesquieu en sus *Consideraciones sobre la grandeza y decadencia de los romanos*, donde rechazaba el uso de la convención cristiana de datar los acontecimientos por el nacimiento de Cristo y no mencionaba ninguna fecha.

a. Oímos hablar a su ejército de casi tres millones empleados en una guerra contra los indios. Oímos que ellos tienen uno mucho mayor y que la guerra se libró con mucha furia y éxito diverso, que acaba con el relato de la retirada de la reina, con apenas [...]

b. [...] sufrir por igual. Sus pérdidas, computadas de este modo, debieron de ser de dos millones. Así que [...]

c. [...] cuatro millones [...]

desperdició al menos cuatro millones de súbditos, por no decir nada de sus otras guerras y de las pérdidas que le acarrearon. Ésas fueron sus pérdidas en el extranjero, pero la guerra les persiguió hasta su patria, primero con Agesilao y luego con Alejandro[13]. No tengo, en mi retiro, los libros necesarios para dar cálculos exactos, ni es necesario ofrecer más que indicaciones a alguien de la erudición de su señoría. Recordará su ininterrumpida serie de éxitos. Revisará sus batallas. Reparará en la carnicería que tuvo lugar. Echará una mirada al conjunto y estará de acuerdo conmigo en que, para formar a ese héroe, hubo que sacrificar no menos de un millón doscientas mil vidas. Pero, tan pronto como cayó sacrificado a sus vicios, mil hendiduras dejaron que penetrara la ruina y diera una última mano a esa escena de miseria y destrucción. Su reino fue subastado y dividido, lo que sirvió para que las distintas partes se despedazaran entre sí y enterrasen el conjunto en sangre y matanzas. Los reyes de Siria y Egipto, los reyes de Pérgamo y Macedonia, se dañaron sin interrupción entre sí durante doscientos años, hasta que al fin surgió un fuerte poder en el oeste, los arrolló y silenció sus tumultos, envolviendo a todas las partes en litigio en la misma destrucción. Es poco decir que las disputas entre los sucesores de Alejandro despoblaron aquella parte del mundo en al menos dos millones[a].

La lucha entre macedonios y griegos, y antes las disputas de las repúblicas griegas entre sí por una superioridad inaprovechable, forman una de las escenas más sangrientas de la historia. Es sorprendente que un lugar tan pequeño pudiera proporcionar hombres suficientes para sacrificarlos a la penosa ambición de poseer cinco o seis mil acres de más o dos o tres ciudades; sin embargo, contemplar la acrimonia y amargura con la que atenienses y lacedemonios disputaron por ellos, los ejércitos que intervinieron, las flotas que se hundieron y ardieron, las ciudades

---

13. Jerjes fue el rey persa que dirigió la segunda gran invasión persa de Grecia y que fue derrotado en la batalla de Salamina (480 a.C.). Agesilao, rey de Esparta que invadió Asia Menor con desigual éxito (396 a.C.). Alejandro, por supuesto, es Alejandro Magno (356-323 a.C.), rey de Macedonia que conquistó Persia y construyó un imperio helénico que se extendía de Grecia a Persia y Egipto.
    a. [...] tres millones.

que saquearon y los habitantes que asesinaron y cautivaron, nos induciría a creer que la decisión del destino de la humanidad, al menos, idependía de ello! Pero esas disputas terminaron como siempre han terminado y siempre lo harán, en una debilidad real de todas las partes, una sombra momentánea y un sueño de poder en alguien y la sujeción de todos al yugo del extranjero, que sabe cómo aprovecharse de sus divisiones. Ése fue, al menos, el caso de los griegos, y seguro que, desde los primeros relatos hasta su absorción por el Imperio romano, no podemos juzgar que sus divisiones[a] intestinas y sus guerras extranjeras consumieran menos de tres millones de sus habitantes.

Su señoría recordará fácilmente qué Aceldama[14], qué campo de sangre fue Sicilia en la Antigüedad, mientras su modo de gobierno resultaba controvertido entre los partidos republicano y tiránico, y nativos, griegos, cartagineses y romanos se disputaban su posesión. Recordará la completa destrucción de un ejército de trescientos mil hombres. Encontrará cada página de su historia teñida de sangre y manchada y confusa por tumultos, rebeliones, masacres, asesinatos, proscripciones y una serie de horrores que tal vez supere las historias de cualquier otra nación en el mundo, aunque las historias de todas las naciones se componen de una materia parecida. Vuelvo a excusarme en lo que se refiere a la exactitud por falta de libros. Pero estimaría las matanzas en esa isla en dos millones, lo que su señoría encontrará muy cerca de la realidad.

Pasemos por alto las guerras, y sus consecuencias, que devastaron la Magna Grecia antes de que el poder romano prevaleciera en aquella parte de Italia. Tal vez sean exageradas, así que sólo las tasaré en un millón. Apresurémonos a entrar en la gran escena que establece el Imperio romano y forma la gran catástrofe del drama antiguo. Ese imperio, en su infancia, empezó con una efusión de sangre humana apenas creíble. Los pequeños Estados vecinos pro-

14. Aceldama significa «campo de sangre» y es el nombre que se le da al campo del alfarero donde Judas se ahorcó y que los sacerdotes comprarían con las treinta monedas de plata que Judas había ganado por traicionar a Jesús. El campo se utilizaría para sepultar a los extranjeros.

a. [...] divisiones, por no decir nada de sus [...]

piciaron una nueva destrucción: sabinos, samnitas, equos, volscos, etruscos, fueron destrozados por una serie de matanzas sin interrupción durante cientos de años, matanzas que consumieron en todas las partes más de dos millones de los pueblos condenados. Los galos arrollaron Italia en aquella época y añadieron a la completa destrucción de su ejército la de los antiguos habitantes. En suma, no sería posible concebir una imagen más horrible y sangrienta si las guerras púnicas que siguieron no hubieran presentado otra que la superaría con creces. Aquí encontramos ese clímax de devastación y ruina que parece sacudir toda la tierra. La extensión de esa guerra que vejó[a] tantas naciones, y las dos partes, y el estrago de la especie humana en ambas, asombra más allá de toda expresión cuando se considera sin tapujos y no se tiene en cuenta lo que distraería nuestra atención: los caracteres, acciones y propósitos de las personas involucradas. Esas guerras, me refiero a las llamadas púnicas, restaron a la raza humana no menos de tres millones[b]. Sin embargo, eso sólo forma una parte, y una parte muy pequeña, del estrago causado por la ambición romana. La guerra con Mitrídates no fue menos sangrienta[15]. Ese príncipe mató de golpe a ciento cincuenta mil romanos en una masacre. En aquella guerra, Sila acabó con trescientos mil hombres en Queronea[16]. Sila[c] perdió otros trescientos mil hombres ante Cícico. En el curso de la guerra tuvo innumerables pérdidas y, tras muchos intervalos de éxito, los vengó con severidad. Al final fue completamente vencido, y despedazó al rey de Armenia, su aliado, por la grandeza de su ruina. Todos los que tenían relaciones con él compartieron el mismo destino. El despiadado

15. Mitrídates VI (*ca.* 131-63 a.C.), rey del Ponto, un país al noreste de Asia Menor, en el mar Negro. Libró tres guerras contra los romanos. Tras la tercera fue definitivamente derrotado e hizo que uno de sus esclavos lo matara.

16. Lucius Cornelius Sulla o Sila (138-78 a.C.), general romano célebre por su crueldad. Fue el responsable del saqueo de Atenas. Nombrado dictador, trató de devolverle a la constitución romana su forma aristocrática más antigua. Para lograr esa reforma, empleó la proscripción, la publicación de listas de personas condenadas a muerte y la confiscación de sus propiedades.

a. [...] abarcó [...]
b. [...] cinco millones [...]
c. El mismo comandante [...]

genio de Sila tuvo su oportunidad, y las calles de Atenas no fueron las únicas por las que corrió la sangre. En aquel periodo, la espada, saciada de matanzas de extranjeros, volvió su filo hacia las entrañas de la propia república romana y presentó una escena de crueldades y traiciones suficiente casi para olvidar la memoria de todas las devastaciones exteriores. He tratado, milord, de seguir una especie de método al estimar el número de seres humanos muertos en las guerras de las que tenemos recuerdo. Pero me veo obligado a alterar mi propósito. Esa trágica uniformidad del estrago y el asesinato disgustará a su señoría tanto como a mí, y confieso que me duelen los ojos de mantenerlos fijos en una perspectiva tan sangrienta. No me detendré en las guerras serviles, sociales, gálicas y españolas[17], ni en las de Yugurta o Antíoco[18], ni en muchas otras igualmente importantes y libradas con la misma furia. Alguien ha calculado las matanzas de Julio César: la cantidad destruida suma un millón doscientos mil. Pero para darle a su señoría una idea que pueda servir de pauta con la que medir, hasta cierto punto, lo demás, vuelva sus ojos a Judea, un lugar de la tierra insignificante en sí mismo, aunque ennoblecido por los acontecimientos singulares que tuvieron lugar en ese país.

Esa zona, no importa ahora por qué medio, fue en diversos momentos extremadamente populosa y aportó hombres para matanzas apenas creíbles si otros, célebres y bien informados, no les hubieran dado color. El primer asentamiento de los judíos allí se logró mediante la casi completa extirpación de sus antiguos habitantes. Sus guerras civiles, y las que libraron con sus vecinos

17. Una serie de guerras romanas en Europa aproximadamente de 134 a 51 a.C. Las guerras serviles fueron sublevaciones de esclavos, la más famosa de las cuales fue dirigida por Espartaco, que tuvo éxito al ocupar, por un breve periodo, el sur de Italia. La guerra social fue una revuelta de aliados romanos para obtener el reconocimiento como ciudadanos romanos. Las guerras gálicas y españolas consolidaron el gobierno romano en España y la Galia. La riqueza y el poder que Julio César adquirió como general en las guerras gálicas le permitió llegar a ser el dueño de Roma.

18. Yugurta (ca. 156-104 a.C.), rey de Numidia. Al afianzarse en el trono, asesinó a varios italianos y dio a los romanos una excusa para la invasión. Los romanos invadieron Numidia y llevaron a Yugurta a Roma, donde fue ejecutado. Antíoco (muerto en 187 a.C.), rey de Siria. Desafió la expansión romana en Grecia, pero se vio obligado a renunciar al territorio de Siria junto al mar.

sometidos, consumieron vastas multitudes casi cada año durante siglos[19], y las irrupciones de los reyes de Babilonia y Asiria causaron una inmensa desolación[20]. Sin embargo, sólo tenemos una parte de su historia, de una manera indistinta y confusa, así que sólo arrojaré un foco de luz sobre aquella parte que coincide con la historia romana[21], y de esta parte sólo sobre aquel punto del tiempo en el que recibieron el gran golpe final que hizo que ya no fueran una nación, un golpe que cortaría poco menos de dos millones del pueblo judío. No diré nada de las podas de ese resto mientras duró ni de los retoños que han crecido de la vieja raíz desde entonces. Pero si en esa parte insignificante del globo una carnicería semejante tuvo lugar en dos o tres breves reinados y esa carnicería, por grande que fuera, no forma sino una pequeña parte de lo que las historias de ese pueblo nos dicen que sufrieron, ¿cómo juzgaremos a países más extensos y que han librado guerras mucho más importantes?

Ejemplos de esta especie componen la uniformidad de la historia. Ha habido periodos en que parece haber amenazado no menos que la destrucción universal de la raza humana. Cuando los godos, vándalos y hunos se desparramaron sobre la Galia, Italia, España, Grecia y África, llevaron consigo la destrucción conforme avanzaban y dejaron horribles desiertos tras ellos. *Vastum ubique silentium, secreti colles; fumantia procul tecta; nemo exploratoribus obvius*, es lo que Tácito llama *facies Victoriae*[22]. Siempre es así, pero en este caso lo era enfáticamente. Del norte llegaron los enjambres de godos, vándalos, hunos, ostrogodos, que bajaron al sur hasta África, que sufrió como había sufrido el norte. Por aquella época, otro torrente de bárbaros, animados

19. Cf. *Josué* y *Jueces*.
20. Cf. *2 Reyes* 24-25 y *Jeremías* 52.
21. Cf. Flavio Josefo, *Guerras de los judíos*.
22. «En todas partes un vasto silencio, colinas solitarias, techos humeantes, a nadie encuentran los exploradores», es lo que Tácito llama «el rostro de la victoria» (*Agrícola*, 38). El pasaje describe la conquista romana de Britania en el siglo I d.C. El primer efecto del pasaje en el contexto sugiere que no había diferencia entre las guerras que destruyeron el Imperio y las que lo crearon. Implícitamente suscita la cuestión de si las conquistas de pueblos sin civilizar por pueblos más civilizados está más justificada que su contrario.

por la misma furia y alentados por el mismo éxito, salieron del sur y devastaron todo el noreste y oeste, hasta las remotas partes de Persia, por un lado, y hasta las orillas del Loira o más allá, por otro, destruyendo los orgullosos y elegantes monumentos del arte humano, de modo que parecía que ni siquiera la memoria sobreviviría a sus antiguos habitantes[23]. No me detendré en lo que se ha hecho desde entonces y lo que seguirá haciéndose mientras siga induciéndose a la guerra. Mencionaré en una palabra los horribles efectos del fanatismo y la avaricia en la conquista de la América española, una conquista que causó, en una estimación a la baja, el asesinato de diez millones de miembros de la especie[24]. Trazaré una conclusión a esta parte calculando en general el conjunto. Creo que he mencionado unos treinta y seis millones[a]. No he entrado en más detalles. No pretendo ser exacto; en consecuencia, para una perspectiva particular, juntaré a quienes han muerto en batallas o perecido de una manera no menos miserable por otras consecuencias destructivas de la guerra desde el principio del mundo hasta ahora[b], en sus cuatro partes, en mil[c] ocasiones como mucho[25], un cálculo no exagerado[d], teniendo en

23. Se trata de las invasiones islámicas que tuvieron su origen en Arabia en el siglo VII, aunque no llegaron a Europa hasta el VIII. Avanzaron hasta Tours, Francia, donde los moros fueron derrotados en 732. El noble escritor señala la perversidad de la guerra, pero no su razón. Las guerras tenían un motivo religioso.

24. El noble escritor interrumpe su revisión de la guerra justo antes de la Reforma protestante. Al mencionar a los españoles alude a su razón: no desea hablar de las guerras religiosas entre cristianos, especialmente de aquellas guerras más familiares a los británicos. A pesar de su ataque a la religión artificial, abandona la caza exactamente cuando los abusos religiosos son más obvios. De manera equívoca, protege la religión.

25. El método del noble escritor para determinar el número total de muertos por la guerra y la sociedad (multiplicar su total de treinta y seis millones por mil para llegar a una estimación de treinta y seis mil millones) se ha usado como prueba principal para apoyar la posición de que la *Vindicación* es completamente satírica. Véase J. C. Weston, «The Ironic Purpose of Burke's *Vindication* Vindicated», cit., pp. 435-441. En el prefacio, Burke dirige nuestra atención a los cálculos realizados en la carta (p. 25), y una de las mayores revisiones de la segunda edición fue alterar la cuenta detallada de muertes humanas. En última instancia, esas cifras culpan de todas las muertes humanas (el noble escritor las modificaría después) a la sociedad civil. Podemos ver esto dividiendo cuatro mil

cuenta el tiempo y la extensión. No hemos hablado de una quinta parte del mundo ni dispongo de lo que realmente se ha averiguado de la historia, pero no necesito mencionarle a su señoría cuántas de esas matanzas se expresan sólo en general ni qué parte del tiempo ha alcanzado la historia ni qué vastos espacios del globo ha abarcado. No necesito aumentar los torrentes de silenciosa sangre sin gloria que han inundado las sedientas arenas de África o teñido la nieve polar o alimentado los salvajes bosques de América durante tantos años de guerra continua. ¿Añadiré a la cuenta, para justificar mis cálculos frente al cargo de extravagancia, las escaramuzas que tienen lugar en todas las guerras, sin tener por sí mismas la suficiente dignidad en el mal para merecer un lugar en la historia, pero que, con su frecuencia, compensan su relativa inocencia? ¿Inflamaré la cuenta con las masacres generales que han devorado ciudades y naciones enteras, esas vastas pestilencias, esas hambres consuntivas y todas las furias que siguen la estela de la guerra[a]? No necesito exagerar, y deliberadamente he evitado una tirada de elocuencia en esta ocasión. La despreciaría en cualquier ocasión; sobre todo al mencionar estas matanzas, es obvio cuánto podría aumentarse el peso completo con una descripción afectada de los horrores que acompañan a la devastación de reinos y el saqueo de ciudades. Pero no escribo para el vulgo ni para lo único que gobierna al vulgo, sus pasiones. Establezco un nítido y moderado cálculo que basta, sin una pedante exactitud, para darle a su señoría una sensación de los efectos de la sociedad política. Cargo el monto de esos efectos a la sociedad política. Asumo el cargo y lo doy por bueno para satisfacción de su seño-

años, los que, probablemente de un modo satírico, se atribuyen a la Tierra, por setenta (puesto que setenta veces el número de los que viven se corresponde con los muertos en la guerra). El resultado es cincuenta y siete años, aproximadamente el tiempo vital de una generación. Tras esos cálculos se encuentra la idea de que, cuando el hombre se hace consciente de la muerte, se convierte en un hombre civil.

a. [...] cuarenta millones.

b. [...] han muerto en batallas, desde el principio [...]

c. [...] sólo en mil [...]

d. [...] un cálculo trivial [...]

a. [...] no ha abarcado. No necesito exagerar [...]

ría. La cifra que he detallado es de unos treinta y seis millones. Además de los muertos en batallas, he dicho algo, ni la mitad de lo que el asunto justificaría, pero algo, sobre las consecuencias de la guerra, mucho más terribles que la monstruosa carnicería que conmueve nuestra humanidad y casi hace tambalear nuestra creencia. Así que al permitirme cierta exuberancia que compense mis deficiencias, no me encontraréis falto de razón[a]. Creo que el número de hombres que ahora hay sobre la tierra es de quinientos millones como mucho. La matanza de la humanidad, en lo que consideraréis un pequeño cálculo, asciende a unas setenta veces[b] el número de almas que ahora hay en el globo. Una cifra que proporcionaría materia de reflexión a alguien menos inclinado a extraer las consecuencias que su señoría.

Mostraré ahora que puede atribuirse a la sociedad política el cargo de haber destruido buena parte de la especie. Para[c] ser justos con todos los aspectos de la cuestión, confieso que hay una arrogancia y fiereza en la naturaleza humana que causa innumerables pendencias, cualquiera que sea el lugar en el que pongáis a los hombres; aun admitiéndolo, insisto en atribuir a las regulaciones políticas que esas pendencias sean tan frecuentes, tan crueles y vayan acompañadas de consecuencias tan deplorables. En un estado de naturaleza, habría sido imposible encontrar una cifra suficiente de hombres para tales matanzas, todos de acuerdo en el mismo propósito sangriento; aun suponiendo que llegaran a ese acuerdo[d] (una suposición imposible), los medios que la sencilla naturaleza les proporcionaría no serían adecuados a ese fin. Sin duda, habría muchos rasguños y magulladuras, pero pocas, muy

a. [...] cuarenta millones. Supongo un millar de ocasiones por cada muerto en batalla. Pero debo hacer otra adición no menor que la primera, pues las consecuencias de las guerras, en escaramuzas, masacres, desórdenes contagiosos y el hambre que las acompaña, son más destructivas que las propias batallas. Así que al permitirme cierta exuberancia que compense mis deficiencias, calculo la destrucción causada por la guerra en ochenta mil millones [...]

b. [...] ciento sesenta veces [...]

c. Pero, para [...]

d. En un estado de naturaleza, sería imposible reunir un número de hombres suficiente, todos de acuerdo en el mismo designio sangriento, necesario para causar un estrago tan vasto a su especie, y aunque llegaran a ese acuerdo [...]

44

pocas muertes. La sociedad, y la política, que nos han dado esas perspectivas destructoras, también nos han dado los medios de satisfacerlas. Desde el alba de la política hasta ahora, la inventiva de los hombres ha ido agudizando y mejorando el misterio del asesinato, desde los primeros rudos ensayos con palos y piedras hasta la perfección actual de pistolas, cañones, bombas, minas y toda la crueldad artificial, aprendida y refinada en la que somos tan expertos y que constituye una parte principal de lo que los políticos nos han enseñado a creer que es nuestra principal gloria[26].

Cuán lejos la mera naturaleza podría llevarnos es algo que podemos juzgar por el ejemplo de esos animales que aún siguen sus leyes, e incluso de aquellos a los que ha otorgado una disposición más fiera y armas más terribles que las que la naturaleza ha pretendido que usáramos nosotros. Es una verdad incontestable que los hombres han causado más estragos entre los hombres, en un año, que el que han causado todos los leones, tigres, panteras, onzas, leopardos, hienas, rinocerontes, elefantes, osos y lobos en sus varias especies desde el comienzo del mundo, aunque se llevan muy mal entre sí y tienen una proporción mucho mayor de rabia y furia en su naturaleza que nosotros. ¡Pero qué decir de vosotros, legisladores, civilizadores de la humanidad, de Orfeo, Moisés, Minos, Solón, Teseo, Licurgo, Numa[27]! ¡Si hablamos de vosotros, vuestras regulaciones han causado más perjuicio a sangre fría que el que ha causado o podría causar toda la rabia de los más fieros animales en sus mayores terrores o furias!

---

26. Cf. Ch. Montesquieu, *Cartas persas*, 105 y 106.

27. Se trata de legisladores antiguos. Orfeo es una figura mítica que supuestamente estableció los ritos órficos griegos y su código correspondiente. Moisés es el legislador de Israel; Minos, el de Creta; Solón, el de la Atenas democrática; Teseo, el fundador de Atenas; Licurgo, el legislador de Esparta y Numa, el de Roma. El contraste obvio es con Maquiavelo. Véanse *El príncipe*, cap. 6, y los *Discursos*, libro 1, cap. 1; libro 3, caps. 10 y 11. Maquiavelo destaca que los fundadores formaron las ciudades con buenas armas, es decir, por la fuerza, y no con buenas leyes. El noble escritor culpa a los legisladores y por ello implica que son más responsables de la formación de las naciones que los fundadores armados. Su lista se inclina también hacia los hombres que supuestamente recibieron sus leyes de un dios o de Dios.

Esos males no son accidentales. Cualquiera que se tome la molestia de considerar la naturaleza de la sociedad, descubrirá que resultan de su constitución. Porque así como la subordinación o, en otras palabras, la reciprocidad de la tiranía y la esclavitud es el requisito en que se apoyan esas sociedades, el interés, la ambición, la malicia o la venganza, incluso el antojo y capricho de un gobernante entre ellos, bastan para armar al resto, sin ninguna perspectiva propia, para los peores y más lúgubres propósitos, y lo que es a la vez lamentable y ridículo, esos miserables se alían bajo esas banderas con una furia mayor que la que los animaría, por venganza, a cometer sus propias maldades.

Vale la pena observar también que la división artificial de la humanidad en sociedades separadas es en sí misma una perpetua fuente de odio y disensión entre ellas. Los nombres que las distinguen son suficientes para que estallen el odio y la rabia. Examinad la historia, consultad la experiencia actual y veréis que la mayor parte de las peleas entre las naciones no ha tenido otro motivo que el hecho de que tales naciones fueran diferentes combinaciones del pueblo y se llamaran con diferentes nombres[a]; en un inglés, la mención del francés, el español, el italiano, mucho más la del turco o tártaro, suscita ideas de odio y desprecio. Si tratarais de inspirar compasión en un compatriota nuestro hacia uno de ellos, ¿no ocultarías esa distinción?[b]. No le rogaríais que se compadeciera del pobre francés o del infeliz alemán. Lejos de ello, le hablaríais de él como de un extranjero, un accidente al que todos están expuestos. Le presentaríais como a un hombre que comparte con nosotros la misma naturaleza y está sometido a la misma ley. Hay algo tan contrario a nuestra naturaleza en esas distinciones políticas artificiales que no necesitamos otra trompeta que nos convoque para la guerra y la destrucción. Pero hay algo tan benigno y curativo en la voz general de la humanidad que, a pesar de todas nuestras regulaciones para impedirla, el simple nombre de hombre debidamente aplicado no deja de tener un efecto saludable.

a. [...] que el hecho de que fuera otra combinación del pueblo y se llamara con otro nombre.

b. ¿Inspiraríais a nuestro compatriota piedad o consideración por uno de ellos? ¿No le ocultaríais esa distinción?

Ese efecto imprevisto de la política sobre las pasiones indomeñables de la humanidad aparece en otras ocasiones. A buen seguro, el nombre mismo de político, de estadista, ha de causar terror y odio; siempre se han relacionado con él ideas de traición, crueldad, fraude y tiranía, y los escritores que han desvelado fielmente los misterios de la francmasonería del Estado han sido en general detestados, aun conociendo tan perfectamente una teoría tan detestable. El caso de Maquiavelo parece a primera vista difícil al respecto. Está obligado a soportar las iniquidades de aquellos cuyas máximas y reglas de gobierno hizo públicas. Su especulación es más aborrecida que la práctica de ellos.

Pero si no hubiera otros argumentos contra la sociedad artificial que el que voy a mencionar, a mi juicio debería bastar sólo con éste. Todos los que han escrito sobre la ciencia política coinciden, y coinciden con la experiencia, en que los gobiernos deben frecuentemente infringir las normas de la justicia para mantenerse, que la verdad debe ceder el paso al disimulo; la honestidad, a la conveniencia y la humanidad misma, al interés reinante[28]. A este misterio de iniquidad se lo conoce como razón de Estado. Admito que es una razón que no puedo penetrar. ¿Qué clase de protección del derecho general es la que se mantiene al infringir los derechos de los particulares? ¿Qué clase de justicia es la que se ejecuta al quebrantar sus propias leyes? Dejo que las capaces cabezas de los legisladores y los políticos resuelvan estas paradojas. Por mi parte, digo[a] lo que un hombre llano diría en tal ocasión. No puedo creer que ninguna institución agradable a la naturaleza, y apropiada a la humanidad, pudiera considerar nece-

28. Es una paráfrasis de Maquiavelo, *Discursos*, libro 1, cap. 3: «Todos los que han escrito sobre las instituciones civiles demuestran (y la historia está llena de ejemplos en su apoyo) que quien desee fundar un Estado y darle leyes, debe empezar asumiendo que todos los hombres son malos y están dispuestos a ejercer su viciosa naturaleza en cuanto se les presente la ocasión».
Hay diferencias entre las perspectivas del noble escritor y Maquiavelo. El primero acepta la observación de Maquiavelo como exacta —los legisladores deben asumir que todos los hombres son malvados—, pero afirma que esa asunción, aunque necesaria, es falsa y, por tanto, injusta. Hay hombres buenos, pero las leyes no han sido hechas para ellos.
a. [...] debería decir [...]

sario o incluso conveniente en ningún caso hacer aquello que los mejores y más valiosos instintos de la humanidad nos advierten que evitemos. Pero no ha de sorprender que lo que se plantea en oposición al estado de naturaleza deba preservarse pisoteando la ley de la naturaleza.

Para probar que esas sociedades vigiladas son una violación ofrecida a la naturaleza y una constricción del espíritu humano, sólo hace falta fijarse en las medidas sanguinarias e instrumentos de violencia que por doquier se usan para mantenerlas. Pasemos revista a las mazmorras, látigos, cadenas, potros, horcas que toda sociedad acumula en abundancia, con los que anualmente se ofrecen cientos de víctimas para mantener a una o dos docenas en su orgullo y locura, y a millones en una abyecta servidumbre y dependencia. Hubo un tiempo en que miraba con temor reverencial esos misterios de la política, pero la época, la experiencia y la filosofía han levantado el velo, y al menos contemplo ese *sanctum sanctorum* sin entusiasta admiración. Reconozco, en efecto, la necesidad de que esas instituciones procedan así, pero he de tener una opinión muy mezquina de las instituciones[a] que necesitan esos procedimientos.

Es una desgracia que en ninguna parte del globo la libertad natural y la religión natural se encuentren puras y libres de la mezcla de las adulteraciones políticas. Sin embargo, hemos implantado providencialmente en nosotros ideas, axiomas, reglas sobre lo piadoso, justo, bello, honrado, que ninguna habilidad política, ninguna erudita sofistería puede expulsar por completo de nuestro pecho. Con ellas juzgamos, y no podemos juzgar de otra manera, los varios tipos de religión y sociedad artificial, y los determinamos según se aproximan a ese modelo o retroceden ante él.

La forma más simple de gobierno es el despotismo, en el que todos los orbes de poder inferiores se mueven sólo según la voluntad del supremo, y todos los que están sometidos a ellos, dirigidos de la misma manera, sólo por la voluntad ocasional del magistrado. Esta forma, además de la más simple, es infinitamente la más general. Apenas parte alguna del mundo está exenta de

a.  [...] pero no puedo sino tener una opinión muy humilde de las instituciones [...]

su poder. Los pocos lugares en que los hombres disfrutan de lo que llaman libertad se encuentran continuamente en una situación insegura y se avanza a zancadas cada vez mayores hacia ese abismo del despotismo que engulle toda especie de gobierno. Esa manera de gobernar, al estar dirigida sólo por la voluntad del hombre más débil, en general el peor de la sociedad, se convierte en la más necia y caprichosa, al mismo tiempo que es la más terrible y destructiva que podemos concebir. En el despotismo la persona principal encuentra que, cualquiera que sea la necesidad, miseria e indigencia de sus súbditos, sin embargo, puede poseer en abundancia cuanto satisfaga sus deseos más insaciables. Aún más. Descubre que esas satisfacciones aumentan en proporción a la miseria y esclavitud de sus súbditos. Animado así por la pasión y el interés en pisotear el bienestar público[a], y al hallarse por encima de la vergüenza y el temor, lleva a cabo los más horribles y espeluznantes ultrajes sobre la humanidad. Sus allegados se convierten en víctimas de sus sospechas. El más ligero desagrado es la muerte y un aspecto desagradable a menudo es un crimen tan grande como la alta traición. En la corte de Nerón, una persona de saber, de mérito incuestionable y de indudable lealtad, fue condenada a muerte sin otra razón que la de poseer un rostro pedante que desagradaba al emperador[29]. Ese monstruo de la humanidad pareció al principio de su reinado una persona virtuosa. Muchos de los mayores tiranos en los anales de la historia han comenzado su reinado[b] de la manera más justa. Pero la verdad es que ese poder antinatural corrompe tanto el corazón como el entendimiento. Para impedir la menor esperanza de enmienda, un rey se encuentra rodeado de una cohorte de aduladores que se justifican alejándolo de la menor luz de la razón hasta que todas las ideas de rectitud y justicia quedan borradas por completo de su espíritu. Cuando Alejandro, llevado por la furia, mató a uno de sus mejores amigos y más valientes capitanes, al recuperar la

---

29. Puede aludirse al hecho de que Nerón ordenara suicidarse a su tutor, el filósofo y poeta Séneca, por participar supuestamente en un plan para derrocar al emperador. El inicial reinado virtuoso de Nerón puede haber sido resultado de la influencia de Séneca.

a. Descuidando el bienestar público [...]

b. [...] a gobernar [...]

razón comenzó a concebir un horror correspondiente a la culpa del asesinato. En esa situación, sus consejeros acudieron en su ayuda. Pero ¿qué hicieron? Buscaron a un filósofo que lo consolara. ¿Cómo le consoló el filósofo por la pérdida de aquel hombre y curó su conciencia, flagrante con la punzada de ese crimen? Plutarco trata extensamente el tema. Le dijo: «Si un soberano hace lo que desea, todas sus acciones son justas y legales, porque son suyas»[30]. En los palacios de todos los príncipes abundan los filósofos cortesanos. La consecuencia era la que podría esperarse. Cada día crecía un monstruo más abandonado a la lujuria innatural, al libertinaje, a la ebriedad y al asesinato. Sin embargo, fue originalmente un gran hombre, de capacidad poco común y una fuerte propensión a la virtud. Pero los poderes ilimitados proceden paso a paso hasta que queda erradicado todo príncipe laudable. Se ha observado que no hay un príncipe tan malo cuyos favoritos y ministros no sean peores. No hay un príncipe sin un favorito que lo gobierne de una manera tan arbitraria como él gobierna a los desgraciados que se le someten. Aquí hay una tiranía

---

30. Es una referencia al asesinato de Clito por Alejandro Magno durante uno de los banquetes del rey. Tras haber bebido considerablemente, Alejandro se unió a unos cánticos burlones sobre los viejos macedonios. Clito respondió recordando a Alejandro que él había salvado la vida del rey y le criticó por repudiar a su padre Filipo y reclamar la descendencia del dios Amón. En un rapto de ebriedad, Alejandro mató a Clito. El rey lamentó el hecho durante días. Le enviaron dos filósofos para aliviarle: Calístenes, sobrino de Aristóteles, y Anaxarco. El noble escritor olvida mencionar a Calístenes, que no justificó el asesinato del rey y que, a la postre, murió en prisión porque no le adoró a la manera oriental. Supuestamente Anaxarco justificó el hecho. Sin embargo, el noble escritor, cuyo propósito aparente es defender la filosofía, distorsiona la historia en descrédito de la filosofía. También distorsiona el discurso de Anaxarco. En Plutarco leemos: «¿No sabes que Júpiter tiene por asesores a la Justicia y a Temis, para que todo cuanto es ejecutado por el que manda sea legítimo y justo?». Véase Plutarco, *Vidas paralelas*, «Alejandro», LII. De hecho, el pasaje, tal como está citado, se parece más a una afirmación del *Leviatán* de Hobbes que a las palabras de Anaxarco: «En cuarto lugar, como todo súbdito es por esta institución autor de todas las acciones, y de los juicios del soberano instituido, se sigue que, haga lo que haga, no puede infligir daño a ninguno de sus súbditos ni debería ser acusado de injusticia por ninguno de ellos». Bolingbroke criticaba a Hobbes por extender las lisonjas de Anaxarco a Alejandro a todos los déspotas. Véase *The Philosophical Works of the Late Henry St. John, Viscount Bolingbroke*, cit., vol. IV, p. 17.

doblada. Hay dos cortes, y dos intereses, ambos muy diferentes de los intereses del pueblo. El favorito sabe que la consideración de un tirano es tan inconstante y caprichosa como la de una mujer y, al concluir que su tiempo es breve, se apresura a llenar la medida de su iniquidad con la rapiña, la lujuria y la venganza. Todo acceso al trono está cerrado. Oprime y arruina al pueblo mientras persuade al príncipe de que los murmullos causados por sus propias opresiones son los efectos de la desafección hacia el gobierno del príncipe. Entonces se inflama la violencia natural del despotismo, agravada por el odio y la venganza. Merecer el reconocimiento del Estado es un crimen contra el príncipe. Ser popular y ser un traidor son considerados términos sinónimos. Incluso la virtud es peligrosa, como una cualidad aspirante que exige la estimación por sí misma, e independiente del rostro de la corte. Lo que se dice del jefe es cierto de los funcionarios inferiores de esa especie de gobierno; cada uno ejerce en su provincia la misma tiranía y tritura al pueblo con una opresión sentida de manera más severa cuanto más próxima a él, y ejercida por personas mezquinas y subordinadas. Se considera a la mayor parte del pueblo mero rebaño de ganado, y realmente no se vuelve mejor en poco tiempo; todo principio de sincero orgullo, todo sentido de la dignidad de su naturaleza se pierden con su esclavitud. El día en que un hombre se convierte en un esclavo, dice Homero, se lleva la mitad de su valor[31]; de hecho, pierde todo impulso a la acción, salvo el bajo y mezquino del temor. En ese tipo de gobierno no sólo se abusa de la naturaleza humana y se la insulta, sino que realmente queda degradada y hundida en una especie de brutalidad. Según la consideración hecha por el señor Locke, con gran justicia, un gobierno de ese tipo es peor que la anarquía; en efecto, resulta tan aborrecido y detestado por quienes viven bajo formas que tienen una apariencia más suave, que apenas hay un hombre racional en Europa que no prefiera la muerte al despotismo asiático. Aquí vemos que un gran filósofo reconoce que un estado de naturaleza irregular es preferible a ese gobierno[32];

31. Véase *Odisea*, XVII, 322-323.

32. John Locke (1632-1704), filósofo político inglés y el defensor clásico del liberalismo. Para la comparación de Locke de la monarquía absoluta (des-

tenemos incluso el acuerdo de todos los hombres sensatos y generosos, que van más lejos y confiesan que la muerte misma es preferible. Sin embargo, esa especie de gobierno, tan justamente condenada y tan generalmente detestada, es aquella bajo la que la mayor parte de la humanidad gime infinitamente y ha gemido desde el principio. De modo que, según principios seguros e indiscutidos, en su mayoría los gobiernos sobre la tierra deben ser completas tiranías, imposturas, violaciones de los derechos naturales de la humanidad y peores que las más desordenadas anarquías. Consideraremos de inmediato hasta qué punto otras formas exceden a ésta.

En todas partes del mundo la humanidad, por degradada que esté, conserva aún el sentido del sentimiento; el peso de la tiranía, al final, se vuelve insoportable. Pero el remedio no es tan fácil; en general, el único remedio con el que tratan de curar la tiranía es cambiar al tirano. Ése es y siempre ha sido el caso de la mayoría. En ciertos países, sin embargo, hubo hombres de mayor sagacidad que descubrieron «que vivir según la voluntad de un hombre era la causa de la miseria de todos los hombres»[33]. Por tanto, cambiaron su método inicial y reunieron a los hombres en varias sociedades, a los más respetables por su entendimiento y fortuna, y los pusieron a cargo del bienestar público. Así se formó lo que originalmente se conoce como una aristocracia. Esperaban que fuera imposible que ese grupo pudiera unirse en algún designio contra el bien general, y se prometieron una notable porción de seguridad y felicidad en virtud de los consejos unidos de tantas personas capaces y experimentadas. Pero hay abundante experiencia ahora de que la aristocracia y el despotismo difieren sólo en el nombre, y de que ser parte del pueblo, que en general queda excluido de compartir el poder legislativo, equivale para todos

---

potismo) con el estado de naturaleza, véase el *Segundo tratado sobre el gobierno civil*, sección 13.

33.  Esta cita es una reproducción casi exacta de una línea de *Of the Laws of Ecclesiastical Polity*, de Richard Hooker (*ca.* 1554-1600), teólogo inglés y filósofo político. La línea de Hooker dice «que vivir según la voluntad de un hombre se convertiría en la causa de la miseria de todos los hombres», libro 1, sección 10. Locke reproduce esa línea, junto al párrafo al que pertenece, en una nota al pie de la sección 94 del *Segundo tratado sobre el gobierno civil*.

CARTA A LORD ***

los intentos y propósitos a ser esclavo, tanto cuando gobiernan veinte hombres, independientes de él, como cuando domina uno solo. Incluso la tiranía es más perceptible, pues cada uno de los nobles tiene la altivez de un sultán; el pueblo es más miserable, pues parece al borde de la libertad, de la que se ve excluido, y esa falaz idea de libertad[a], mientras presenta una vana sombra de felicidad al súbdito, aprieta con más fuerza las cadenas de su sumisión. Lo que queda por hacer, por la avaricia y el orgullo natural de los que son elevados por encima de los demás, queda completado por sus sospechas y su temor[b] a perder una autoridad que no tiene apoyo alguno en la utilidad común de la nación. La república genovesa, o la veneciana, son un despotismo oculto, donde encontraréis el mismo orgullo de los gobernantes, la misma mezquina sumisión del pueblo, las mismas máximas sangrientas de una política suspicaz. En un aspecto la aristocracia es peor que el despotismo. Un cuerpo político, mientras retiene su autoridad, no cambia sus máximas; el despotismo, que un día es horrible en grado supremo, por el capricho natural del corazón del hombre, según el mismo capricho ejercido de otra manera puede ser encantador al siguiente; en una sucesión, es posible encontrar algunos buenos príncipes. Si ha habido un Tiberio, un Calígula, un Nerón, ha habido de igual manera los días más serenos de Vespasiano, Tito, Trajano y los Antoninos[34]; pero un cuerpo político no se deja influir por el capricho o antojo; procede de manera regular, su sucesión es insensible y todo hombre que entra en él tiene, o pronto alcanza, el espíritu del cuerpo entero. No se ha conocido nunca que una aristocracia altiva y tiránica en un siglo se volviera apacible y suave en el siguiente. En efecto, el yugo de esa especie de gobierno es tan mortificante que cuando el pueblo ha tenido el menor poder se lo ha sacudido con la mayor indignación y ha establecido una forma popular. Cuando no ha tenido la fuerza suficiente para lograrlo, se ha lanzado a los brazos del

---

34. Todos fueron emperadores romanos. El primer grupo perteneció a la familia de Julio César. Los seis siguientes (hubo tres Antoninos) reinaron intermitentemente de 79 a 192.

a. [...] excluido; esa perspectiva [...]

b. [...] y el temor [...]

despotismo, como el menor de los males. Ése fue el caso de Dinamarca, que se refugió de la opresión de su nobleza en la fuerte sujeción del poder arbitrario. Polonia tiene hoy el nombre de una república, pero su forma es aristocrática; es bien sabido que el dedo menor de este gobierno es más pesado que los lomos del poder arbitrario en la mayoría de las naciones. El pueblo es esclavo no sólo política sino personalmente, y se lo trata con la mayor indignidad. La república de Venecia es algo más moderada; sin embargo, incluso aquí, tan pesado es el yugo aristocrático que los nobles se han visto obligados a enervar el espíritu de sus súbditos con todo tipo de libertinaje; les han negado la libertad de la razón y les han compensado, con lo que el alma mezquina creerá disfrutar de una libertad[a] más valiosa, no sólo al permitirles, sino al animarles a corromperse de la manera más escandalosa. Consideran a sus súbditos como el granjero al cerdo al que atiborra. Le mantiene en su pocilga, pero le permite revolcarse cuanto quiera en su querida porquería y glotonería. No ha de encontrarse en ninguna parte un pueblo tan escandalosamente pervertido como el de Venecia. Altos, bajos, hombres, mujeres, clérigos y laicos, son todos iguales. La nobleza gobernante no tiene menos temor mutuo que del pueblo, y por esa razón enervan políticamente su propio cuerpo con la misma lujuria afeminada con que corrompen a sus súbditos. Se empobrecen con todos los medios que pueden inventar y se mantienen en un perpetuo terror por los horrores de un Estado inquisitorial; aquí veréis a un pueblo privado de toda libertad racional y tiranizado por unos dos mil hombres y, sin embargo, ese cuerpo de dos mil está tan lejos de disfrutar de la libertad por la sumisión del resto que se hallan en un estado de esclavitud infinitamente más severo; se vuelven los más degenerados e infelices de la humanidad sin otro propósito que contribuir de la manera más eficaz a la miseria de toda la nación. En resumen, los procedimientos regulares y metódicos de la aristocracia son más intolerables que los excesos del despotismo y, en general, se alejan mucho más de cualquier remedio.

Así, milord, hemos seguido a la aristocracia en su progreso completo; hemos visto las semillas, el crecimiento y el fruto. No

a. [...] razón, y la han recompensado [...]

ha podido jactarse de ninguna de las ventajas del despotismo, por miserables que fueran, y se ha sobrecargado con exuberantes perjuicios desconocidos incluso para el propio despotismo. En efecto, no es más que una desordenada tiranía. Esta forma, por tanto, ni siquiera podría ser aprobada en la especulación por los que son capaces de pensar, y nadie sensato la pondría en práctica. Sin embargo, la fructífera prudencia del hombre no se ha agotado. Aún tenía otra duradera luz para suplir las deficiencias del sol. Ésa es la tercera forma, conocida por los escritores políticos con el nombre de democracia. Aquí el pueblo trasfiere todo asunto público, o la mayor parte, a sus propias personas: ellos mismos hacen las leyes y, siempre que se falta al deber, sus funcionarios responden ante ellos, y sólo ante ellos. Con este método han asegurado aparentemente las ventajas del orden y el buen gobierno sin tener que comprarlas con su libertad. Ahora, milord, llegamos a la obra maestra del refinamiento griego y de la solidez romana, el gobierno popular. La primera y más celebrada república de este modelo fue la de Atenas. La construyó un artista no menor que el celebrado poeta y filósofo Solón[35]. Pero en cuanto este navío político abandonó el puerto, zozobró, incluso en vida del constructor. De inmediato sobrevino una tiranía[36], no la de un conquistador extranjero, ni por accidente, sino por la naturaleza y constitución misma de la democracia. Un hombre hábil se hizo popular, el pueblo tenía el poder en sus manos y le devolvió buena parte del poder a su favorito, y el único uso que el tirano hizo del poder fue hundir a quienes se lo habían dado en la esclavitud. Por accidente se restauró su libertad, y la misma fortuna produjo hombres de habilidades poco comunes y virtudes poco comunes entre ellos. Pero esas habilidades reportaron escaso servicio a sus poseedores o al Estado. Algunos de esos hombres, gracias a los cuales leemos su historia, fueron desterrados[a]; otros encarcelados, y todos fueron tratados en varias circunstancias con la ingratitud

---

35. Solón (*ca. 639-ca. 559* a.C.) reformó las leyes atenienses y las hizo más democráticas. Compárese con la nota 24.

36. Pisístrato (*ca. 605-527* a.C.) fue tres veces tirano de Atenas, aparentemente a instancias del populacho rural.

a. [...] Estado. A algunos los desterraron [...]

más vergonzosa. Las repúblicas tienen muchas cosas propias de la monarquía absoluta, pero ninguna en mayor medida que ésta: tanto en una asamblea popular como en una corte se odia el mérito brillante o se sospecha de él, y todos los servicios prestados al Estado son considerados peligrosos para los gobernantes, sean sultanes o senadores. El ostracismo en Atenas se levantó sobre este principio. El pueblo mareado, al que ahora consideramos, regocijado por sacudidas de éxito que no atribuía sino a su propio mérito, comenzó a tiranizar a sus iguales, que se habían asociado con él para su defensa común. Con su política renunciaron a toda apariencia de justicia. Entraron en guerra de manera impetuosa y extravagante. Si eran derrotados, en lugar de aprender de la desgracia echaban toda la culpa de su propio desarreglo a los ministros que los habían aconsejado y a los generales que habían conducido esas guerras, hasta que, gradualmente, eliminaron a quienes podían servirles en sus consejos o sus batallas. Si en algún momento esas guerras tuvieron un resultado más feliz, no fue menos difícil tratar con el pueblo a causa de su orgullo e insolencia. Furioso en la adversidad, tiránico en la victoria, un comandante tenía más problemas para concertar su defensa ante el pueblo que para planear las operaciones de la campaña. No era insólito[a] que un general, bajo el horrible despotismo de los emperadores romanos, fuera mal recibido en proporción a la grandeza de sus servicios. Agrícola es un buen ejemplo de ello. Ningún hombre había logrado cosas mayores ni con una ambición más sincera. Sin embargo, a su regreso a la corte, se vio obligado a entrar en Roma con todo el secreto de un criminal. Fue al palacio no como un victorioso comandante que mereciera y pudiera exigir las mayores recompensas, sino como un ofensor que suplicara el perdón por sus crímenes. Su recepción fue rechazable: *Brevi osculo, et nullo sermone exceptus, turbae servientium immistus est*[37]. Sin embar-

---

37. «Tras saludar con un beso apresurado y sin mediar palabra, se deslizó en la obsequiosa muchedumbre», Tácito, *Agrícola*, 40, 42. Al fijarnos en las secciones que siguen a la 42, en especial la 45, descubrimos que hay dudas de que un hombre íntegro pueda vivir en una época corrupta. Se sugiere que si Agrícola no hubiera muerto, el emperador Domiciano le habría matado. Compárese con la nota 29 de la *Vindicación*.

a. Era bastante frecuente [...]

go, incluso en la peor época de la peor tiranía monárquica*, la modestia, la discreción y la frialdad del temperamento formaron una especie de seguridad incluso para el mérito superior. Pero en Atenas la conducta más hermosa y mejor estudiada no fue suficiente protección para un hombre de gran capacidad. Algunos de sus comandantes más valientes se vieron obligados a abandonar su país, otros a entrar al servicio de sus enemigos, antes que soportar un enjuiciamiento popular de su conducta, para que, como dijo uno de ellos, el vértigo no hiciera condenar al pueblo a quienes pretendía absolver, añadir una alubia negra aun cuando querían una blanca.

Los atenienses hicieron rápidos progresos hasta cometer los excesos más enormes. El pueblo, irrestricto, pronto se volvió disoluto, lujurioso y ocioso. Renunció a todo trabajo y comenzó a subsistir gracias a la recaudación pública. Perdió toda preocupación por el honor o la seguridad común y no pudo soportar consejo alguno que tendiera a su reforma. En ese momento la verdad se volvió ofensiva para los señores del pueblo y de lo más peligrosa para el portavoz. Los oradores ya no subían al *rostrum* sino para corromper al pueblo con la más obsequiosa adulación. Esos oradores fueron sobornados por príncipes extranjeros de una u otra parte. Además de sus propios partidos, en la ciudad había también partidos, y reconocidos, de los persas, los espartanos y los macedonios, apoyados por uno o más demagogos pagados y sobornados para ese inicuo servicio. El pueblo, tras olvidarse de toda virtud y espíritu público, y embriagado con las lisonjas de sus oradores (cortesanos de repúblicas y dotados con las características distintivas de todos los cortesanos), este pueblo, digo, por fin llegó al colmo de la locura, de modo que fría y deliberadamente, por una ley expresa, consideró capital que todo hombre propusiera una aplicación de las inmensas sumas derrochadas en espectáculos públicos, incluso a costa de los más necesarios propósitos del Estado. Cuando veis que el pueblo de esta república destierra o asesina a sus ciudadanos mejores y más capaces, disi-

---

* *Sciant quibus moris illicita mirari, posse etiam sub malis principibus magnos viros.* [Que quienes suelen admirar sólo lo prohibido aprendan de él que los grandes hombres pueden vivir incluso con malos gobernantes. Tácito, *Agrícola*, véase la sección 42 hasta el final.]

pa el tesoro público con la más absurda extravagancia y pierde su tiempo, como espectador o actor, en el teatro, la música, el baile y el canto, ¿no impresiona a vuestra imaginación, milord, la imagen de una especie de complejo Nerón? ¿No os horroriza aún más observar, no sólo a un hombre, sino toda una ciudad presa de la rabia de la locura en el mismo mezquino y absurdo libertinaje y extravagancia? Pero si ese pueblo se parecía a Nerón en su extravagancia, más aún se le pareció en la crueldad y la injusticia. En la época de Pericles[38], una de las épocas más celebradas en la historia de ese país, un rey de Egipto le envió una donación de grano. Fueron lo bastante mezquinos para aceptarla. Si el rey egipcio hubiera pretendido la ruina de esa ciudad de malvados *bedlamitas*[39], no podría haber ideado un método más eficaz que esa engañosa generosidad. La distribución de ese botín causó una pelea, la mayoría se puso a indagar en el título de los ciudadanos y, con una vana pretensión de ilegitimidad, planteada de manera novedosa y ocasional, privó de su parte de la donación real a no menos de cinco mil de su propio cuerpo. Fueron más lejos; los privaron de todo derecho y, tras comenzar con un acto de injusticia, no pudieron ponerse límites. No contentos con despojarles de sus derechos de ciudadanía, saquearon todos los bienes de esos desgraciados y, para coronar esta obra maestra de violencia y tiranía, vendieron a cada uno de los cinco mil como esclavos en el mercado público. Observad, milord, que los cinco mil de los que hablamos fueron separados de un cuerpo de no más de diecinueve mil, porque el número de ciudadanos no era mayor por entonces. ¿Podría el tirano que deseara que el pueblo romano tuviera una sola cerviz, podría el mismo tirano Calígula haber hecho, o podría haber deseado un perjuicio mayor que cortar, de un golpe, la cuarta parte de su pueblo? ¿Acaso la crueldad de esa serie de sanguinarios tiranos, los césares, ha presentado una muestra de maldad tan flagrante y extensiva? La historia entera de esa celebrada república es un tejido de impetuosidad, locura, ingratitud, injusticia, tumulto, violencia y tiranía y, en efecto, de todo tipo de maldad que pueda imaginarse. Era una ciudad de

---

38. Cf. «Pericles», en las *Vidas paralelas*.
39. Véase *infra*, nota 55.

sabios en la que un ministro no podía ejercer sus funciones; un pueblo belicoso en el que un general no se atrevía a ganar o perder una batalla; una nación instruida en la que un filósofo no podía atreverse a una investigación libre. Fue la ciudad que desterró a Temístocles, dejó morir de hambre a Arístides, forzó al exilio a Milcíades, expulsó a Anaxágoras y envenenó a Sócrates[40]. Fue una ciudad que cambiaba de forma de gobierno con la luna; conspiraciones eternas, revoluciones diarias, nada fijo y establecido. Una república, ha observado un filósofo antiguo, no es una especie de gobierno, sino un almacén de todas las especies[41]; aquí las veréis de todo tipo, y de la peor forma. Así como hay un perpetuo cambio, en que una surge y otra cae, tendréis toda la violencia y la malvada política con que una potencia ascendente debe adquirir su fuerza y toda la debilidad que lleva a los Estados decadentes a una completa destrucción.

Roma tiene un aspecto más venerable que Atenas y condujo sus asuntos, en lo que respecta a la ruina y opresión de la mayor parte del mundo, con mayor sabiduría y uniformidad. Pero la economía doméstica de esos dos Estados era casi o por completo la misma. La disensión interna constantemente destrozaba las entrañas de la república romana. Encontraréis la misma confusión, las mismas facciones que subsistían en Atenas, los mismos tumultos, las mismas revoluciones y, en fin, la misma esclavitud. Tal vez

---

40. Aunque se subestima la opresión de los hombres principales por parte del despotismo (véase *supra*, nota 37), estas ofensas son exageradas. Temístocles (*ca.* 525-460 a.C.), el sabio estratega de los griegos en la segunda invasión persa, sufrió el ostracismo, una institución regular usada para preservar a la democracia de la influencia de los grandes hombres, y luego fue acusado, en apariencia injustamente, de conspirar con los persas contra los griegos. Véase «Temístocles», en las *Vidas paralelas*. Arístides (m. *ca.* 468 a.C.), llamado «el Justo», general ateniense en Maratón y Salamina, cuando los griegos rechazaron dos veces a los persas. Atenas no le hizo morir de hambre; era pobre y dejó de alimentarse tal vez por elección propia. Véase «Arístides», en las *Vidas paralelas*. Milcíades (m. 489 a.C.), general al mando en Maratón. Fue multado y no desterrado. Anaxágoras (*ca.* 500-428 a.C.), filósofo griego que huyó de Atenas porque afirmó que los cuerpos celestes no eran dioses. Sócrates (469-399 a.C.) fue condenado a muerte en parte como resultado de su inflexible defensa. Véase Platón, *Apología de Sócrates*.
41. Cf. Platón, *República*, 577 d-e.

su primera condición no mereciera ese nombre por completo. Las demás repúblicas tuvieron el mismo carácter. Florencia fue una trascripción de Atenas. Las repúblicas modernas, al aproximarse más o menos a la forma democrática, participan más o menos de la naturaleza de las que he descrito.

Estamos ahora al final de nuestra revisión de las tres formas simples de la sociedad artificial, y hemos mostrado que, aunque difieran en el nombre, o por ligeras circunstancias, resultan iguales; en efecto, todas son tiranías. Pero suponed que nos inclinamos a hacer las más amplias concesiones; concedamos que Atenas, Roma, Cartago[42], y dos o tres de las antiguas repúblicas, y otras tantas[a] de las modernas, han sido o son libres y felices, y que deben su libertad y felicidad a su constitución política. Sin embargo, aun admitiéndolo, ¿qué defensa supone de la sociedad artificial en general que esos lugares insignificantes del globo hayan quedado por breve espacio de tiempo como excepciones de una carga tan general? Cuando llamamos libres a esos gobiernos o concedemos que sus ciudadanos fueron más felices que los que vivieron bajo formas diferentes, lo hacemos sólo *ex abundanti*. Estaríamos muy equivocados si pensáramos que la mayoría del pueblo que llenaba esas ciudades disfrutó incluso de la libertad política nominal de la que tanto he hablado. En realidad no tuvo parte alguna en ella. En Atenas había, por lo general, de diez a treinta mil hombres libres: eso fue lo máximo. Pero los esclavos ascendían a cuatrocientos mil, y a veces eran muchos más. Los hombres libres de Esparta y Roma no eran en proporción más numerosos que aquellos que tenían en una esclavitud incluso más terrible que la ateniense. Por tanto, fijemos debidamente la cuestión: los Estados libres nunca han formado, aun tomados en conjunto, la milésima parte del globo habitable, los hombres libres en estos Estados nunca han sido ni la veinteava parte del pueblo, y la época en que han subsistido apenas es nada en ese inmenso

---

42. La elección de estas ciudades, Atenas, una democracia, Roma, una mezcla de democracia y aristocracia, y Cartago, según Aristóteles (*Política*, 1272 a-1273 b), una oligarquía con elementos democráticos y aristocráticos, apunta a la superioridad del gobierno mixto.

    a. [...] y muchas [...]

océano de la duración en que el tiempo y la esclavitud son casi conmensurables. Por tanto, llamad a esos Estados libres, o gobiernos populares, o lo que gustéis; cuando consideramos la mayoría de sus habitantes y consideramos los derechos naturales de la humanidad, no deben parecer real y verdaderamente mejores que lastimosas y opresivas oligarquías[43].

Tras un examen tan justo, en que nada se ha exagerado, en que ningún hecho se ha alegado que no haya sido demostrado y ninguno se ha presentado de manera forzada o deformada, mientras que miles, en aras de la brevedad, han sido omitidos; tras una discusión tan imparcial en todos los aspectos, ¿qué esclavo hay tan pasivo, qué fanático tan ciego, qué entusiasta tan impetuoso, qué político tan endurecido como para esgrimir la defensa de un sistema calculado como una maldición de la humanidad? Una maldición bajo la que sufre y gime hasta esta hora, sin conocer por completo la naturaleza de la enfermedad y falta de entendimiento o coraje para aplicar el remedio.

No necesito excusarme ante su señoría, ni, creo, ante ningún hombre honrado, por el celo que he mostrado en esta causa, porque es un celo honrado y por una buena causa. He defendido la religión natural contra la confederación de ateos y teólogos[44]. Ahora abogo por la sociedad natural contra los políticos, y por la razón natural contra los tres. Cuando el mundo presente un temperamento más apropiado que el actual para escuchar la verdad, o cuando yo sienta mayor indiferencia hacia su temperamento, mis pensamientos se volverán más públicos. Mientras tanto, dejemos que reposen en mi pecho, y en el pecho de los hombres que

---

43. No se acusa a las repúblicas modernas, como Venecia, de tener esclavos. Aunque cometen abusos económicos, parecen ser una mejora sobre sus precedentes antiguos. Tal vez la condición moderna tenga algo que ver con la expansión de la doctrina de «los derechos naturales de la humanidad», una frase notable como para que aparezca en Burke, y por segunda vez. Véase *supra*, p. 53.

44. Cf. Ch. Montesquieu, *Defense de l'Esprit des Lois*, ed. de Roger Caillois, 2 vols., Paris: Gallimard, 1951, vol. II, pp. 1134-1136. En respuesta a la décima objeción a *Del espíritu de las leyes*, Montesquieu se defiende en términos muy similares a los del noble escritor. No puede admitir que descree de las doctrinas de la religión católica, pero, al defenderse contra esta acusación, defiende la religión natural contra creyentes y ateos.

son idóneos para iniciarse en los sobrios misterios de la verdad y la razón. Mis antagonistas han hecho tanto como podría desear. Los partidos en la religión y la política hacen suficientes descubrimientos mutuos como para otorgar a un hombre sobrio una precaución apropiada contra todos ellos. Los partidarios monárquicos, aristocráticos y populares han golpeado juntos con sus hachas en la raíz de todo gobierno, y por turnos han mostrado ser mutuamente absurdos e inconvenientes. En vano me diréis que el gobierno artificial es bueno, y que sólo riño con el abuso. ¡El asunto, el asunto mismo es el abuso! Observad, milord, os lo ruego, el gran error sobre el que está fundado todo poder legislativo artificial. Se ha observado que los hombres tienen pasiones ingobernables, que hacían necesario protegerse frente a la violencia que podrían ejercer entre ellos. Nombraron gobernantes por esta razón, pero surge una dificultad peor y más desconcertante: ¿cómo defenderse de los gobernantes? *Quis custodiet ipsos custodes?*[45]. En vano cambian de una a pocas personas. Esas pocas tienen las mismas pasiones que una, y se unen para fortalecerse y asegurar la satisfacción de sus pasiones sin ley a expensas del bien general. En vano huimos a los muchos. El caso es peor; sus pasiones están aún menos bajo el gobierno de la razón, aumentadas por el contagio y defendidas contra todos los ataques por su multitud.

He evitado a propósito la mención de la forma mixta de gobierno, por razones que serán muy obvias a su señoría. Pero mi cautela me sirve de poco. No dejará de aducirla contra mí a favor

---

45. Literalmente, «¿quién vigilará a los vigilantes?». Esta cita es la primera de las tres de las *Sátiras* de Juvenal, VI, 346-347. Satiriza a las mujeres y las relaciones entre los sexos. Los vigilantes a los que se refiere Juvenal son los que vigilan a las mujeres, supuestamente en las habitaciones de las mujeres. Los hombres no confían en la virtud de las mujeres o los vigilantes, sino que normalmente emplean a eunucos. Juvenal parodia una cuestión planteada por Platón en la *República* (403 e). Platón vio que incluso en el mejor régimen, con los vigilantes de la ley mejor educados, aún hay el problema de asegurarse de que los vigilantes mismos obedezcan la ley.

La introducción de Juvenal indica que la carta se ha vuelto algo irónica. Las citas juvenalianas ocurren en las discusiones de instituciones relativas a Inglaterra. Véase la predicción de Montesquieu de que en Inglaterra surgirían muchos Juvenales antes de un Horacio (*Del espíritu de las leyes*, libro 19, cap. 27).

de la sociedad política. No dejará de mostrarme cómo los errores de los tipos simples quedan corregidos por una mezcla de todos ellos y un apropiado equilibrio de los varios poderes en ese Estado. Confieso, señoría, que ha sido una grata equivocación por mi parte y que, de todos los sacrificios que he hecho por la verdad, éste ha sido con diferencia el mayor. Cuando confieso que creo que esa noción es una equivocación, sé a quién estoy hablando, porque estoy convencido de que las razones son como los licores, y hay algunas de tal naturaleza que sólo las cabezas fuertes pueden soportarlas. Hay pocos con quienes pueda comunicarme tan libremente como con Pope[46]. Pero Pope no puede soportar cualquier verdad. Tiene una timidez que le impide el pleno ejercicio de sus facultades, casi de manera tan efectiva como el fanatismo restringe las de la grey general de la humanidad. Pero todo seguidor genuino de la verdad mantiene su mirada firme sobre su guía, indiferente respecto a dónde le lleva, puesto que es ella quien lleva. Si lo consideramos como es debido, milord, sería infinitamente mejor estar poseído por toda la legión de equivocaciones vulgares antes que rechazar algunas y, al mismo tiempo, quedarse prendado por otras tan absurdas como irracionales. Lo primero tiene al menos la coherencia que vuelve a un hombre, por erróneamente que sea, uniforme, pero la última manera de proceder es una quimera y revoltijo de filosofía y prejuicio vulgar tan incoherente que apenas puede pensarse en algo más ridículo. Examinemos, por tanto, libremente y sin temor o prejuicio, este último invento de la política. Sin considerar lo cerca que de la médula que nuestros instrumentos pueden llegar, indaguemos hasta el fondo.

En primer lugar, pues, los hombres están de acuerdo en que la confluencia de poder regio, aristocrático y popular debe formar una máquina muy compleja, hermosa e intrincada, que, al estar compuesta de esa variedad de partes, con tales tendencias y movimientos opuestos, debe ser susceptible de todo accidente que la desordene. Para hablar sin metáforas, ese gobierno debe ser susceptible de frecuentes cábalas, tumultos y revoluciones desde

---

46. Alexander Pope (1688-1744), poeta inglés, amigo de Bolingbroke y supuestamente una influencia mayor en Montesquieu cuando escribió *Del espíritu de las leyes*. Véanse *supra* la nota 44 e *infra* la nota 57.

su propia constitución. Ésos son, sin duda, los malos efectos que pueden ocurrir en una sociedad, pues, en tal caso, la compacidad adquirida por la comunidad, en lugar de servir a la mutua defensa, sólo sirve para incrementar el peligro. Ese sistema es como una ciudad en la que abundan los negocios que requieren fuegos constantes, donde las casas se construyen con materiales combustibles y en la que ambos están extremadamente cerca.

En segundo lugar, al tener las partes constituyentes sus distintos derechos, y al ser muchos de ellos tan necesarios que han de determinarse con exactitud, resultan tan indeterminados en su naturaleza que esto se convierte en una fuente nueva y constante de debate y confusión. De ahí que mientras el asunto del gobierno debe ejecutarse, la cuestión es quién tiene derecho a ejercer esa o aquella función suya, o qué hombres tienen el poder para mantener sus cargos con cualquier función. Mientras la contienda continúa, y mientras continúa el equilibrio de alguna manera, no hay remisión alguna; todas las clases de abusos y villanías en los funcionarios quedan impunes, se cometen los mayores fraudes y robos del erario público en desafío a la justicia, y los abusos se convierten, con el tiempo y la impunidad, en costumbres, hasta que prescriben ante las leyes y se vuelven tan inveterados como para admitir a menudo cura alguna, a menos que sea tan mala como la enfermedad.

En tercer lugar, las varias partes de este tipo de gobierno, aunque unidas, conservan el espíritu que cada forma tiene por separado. Los reyes son ambiciosos; la nobleza, altiva, y el populacho, tumultuoso e ingobernable. Cada partido, en apariencia apacible, persigue un designio sobre los demás y debido a esto, en todas las cuestiones, ya sea de asuntos exteriores o interiores, el conjunto se fija más, por lo general, en un partido concreto que en la naturaleza del tema mismo, ya sea que tal paso disminuya o aumente el poder de la corona o que los privilegios del súbdito queden extendidos o restringidos por él. Estas cuestiones se resuelven constantemente sin considerar los méritos de la causa, sólo en cuanto que los partidos que defienden estos intereses conflictivos aprovechen la oportunidad y, al aprovecharla, inclinen la balanza, ahora de un lado, luego del otro. El gobierno es un día poder arbitrario en una sola persona, otro, una confederación circense de unos pocos para engañar al príncipe y esclavizar al pueblo, y el tercero, una democracia frenética e inmanejable. El gran instrumento de estos cambios, y lo que infunde un veneno particular a todos, es el partido. No importan los principios de partido alguno, ni cuáles son sus pretensiones, el espíritu que actúa en todos es el mismo, el espíritu de la ambición, del interés propio, de la opresión, de la traición. Ese espíritu invierte por completo todos los principios que una naturaleza benevolente ha erigido en nosotros, toda honestidad, toda justicia igual, todos los vínculos de la sociedad natural, los afectos naturales. En una palabra, milord, todos hemos visto y, si ciertas consideraciones externas merecen la preocupación final de un sabio, algunos hemos sentido una opresión del partido del gobierno que carece de paralelo en ninguna otra tiranía. A diario observamos los derechos más importantes, derechos de los que dependen los demás, observamos esos derechos tratados como último recurso, sin la menor atención a la apariencia o color de la justicia, y lo observamos sin emoción, porque hemos crecido a la vista constante de tales prácticas y no nos sorprende oír que se solicite que un hombre sea declarado bribón y traidor con tanta indiferencia como si se pidiera el favor más corriente, y oímos que se rechaza esa solicitud no porque sea un deseo injusto e irracional, sino porque ese prócer ya ha empleado su injusticia con otro. Estoy lejos de extender en todo su alcance estos y muchos otros puntos. Sois consciente de que no he aplicado la mitad de mi fuerza y no podéis ignorar la razón. A un hombre se le concede suficiente libertad de pensamiento con tal de que sepa cómo elegir su tema de manera apropiada. Podéis criticar libremente la constitución china[47] y observar con tanta severidad como os plazca los absurdos trucos o el fanatismo destructivo de los bonzos. Pero la escena cambia cuando volvéis a casa y el ateísmo y la traición pueden ser los nombres dados en Gran Bretaña a lo que se llamaría razón y verdad si se hablara de China. Me someto a las circunstancias y, aunque tengo ante

---

47. Cf. Ch. Montesquieu, *Del espíritu de las leyes*, libro 7, caps. 6, 7; libro 8, cap. 21; libro 9, cap. 8; y, en especial, libro 19, caps. 10, 11, 12, 19, 20. Montesquieu alaba a los chinos por mentir y formula su famoso axioma de «que no todos los vicios políticos son vicios morales, ni todos los vicios morales son vicios políticos» (libro 19, cap. 10).

mí una notoria ventaja, abandono la búsqueda. Por lo demás, milord, es muy obvio el cuadro que podría trazarse con los excesos partidarios incluso en nuestra nación. Podría mostrar que la misma facción ha promovido en un reino sediciones populares y en el vecino ha sido un patrón de la tiranía; podría mostrar que todas ellas han traicionado la seguridad pública en todo momento y muy frecuentemente han hecho con igual perfidia un mercado de su causa y la de sus asociados. Podría mostrar con cuánta vehemencia han peleado por nombres y qué silenciosamente han pasado por encima de cosas de gran importancia. Podría demostrar que han tenido la oportunidad de hacer todo ese daño, que han tenido su mismo origen y crecimiento en la compleja forma de gobierno que sabiamente nos enseñan a contemplar como una gran bendición. Rebuscad, milord, en nuestra historia desde la conquista. No hemos tenido un príncipe que no haya cometido con fraude o violencia alguna infracción de la constitución. No hemos tenido un parlamento que supiera, cuando trataba de poner límites a la autoridad real, cómo limitarse a sí mismo. Hemos tenido continuamente males que exigían reforma, y reformas más gravosas que ningún mal. La libertad de la que nos jactamos, a veces pisoteada, a veces mantenida frívolamente, siempre con precariedad, fluctuante e inestable, sólo se ha avivado con las ráfagas de continuas peleas, guerras y conspiraciones. En ningún país de Europa se ha ruborizado tan a menudo el cadalso con la sangre de su nobleza. Las confiscaciones, los destierros, las muertes civiles y las ejecuciones componen buena parte de la historia de nuestras familias, cuando no han quedado completamente extinguidas por su causa. Al principio las cosas tenían un aspecto más feroz que el que tienen en el día de hoy. En esas épocas primitivas y brutales, las partes en conflicto de cierta constitución caótica apoyaban sus varias pretensiones con la espada. La experiencia y la prudencia han enseñado desde entonces otros métodos.

*Res vero nunc agitur tenui pulmone rubetae*[48]. Pero no intentaré determinar en qué medida la corrupción, la venalidad, el

---

48. «Mientras que ahora la cosa se soluciona con el delicado pulmón de una rana de zarzal» (Juvenal, *Sátiras*, VI, 659). La cita se refiere a la invención y perfección del arte de envenenar por parte de las mujeres.

desprecio del honor, el olvido de todo deber hacia nuestro país y la prostitución pública más abandonada son preferibles a los más llamativos y violentos efectos de la facción. Estoy seguro de que son males muy grandes.

He acabado con las formas de gobierno. Durante el curso de mi investigación habréis observado una diferencia muy importante entre mi manera de razonar y la que usan los cómplices de la sociedad artificial. Ellos forman sus planes sobre lo que parece más adecuado a su imaginación para el orden de la humanidad[49]. Descubro las equivocaciones en esos planes por las consecuencias conocidas que han resultado de ellos. Han alistado a la razón para luchar contra sí misma, y emplean toda su fuerza en demostrar que es una guía insuficiente para ellos en la conducta de sus vidas. Pero, desgraciadamente para nosotros, en la medida en que nos hemos desviado de la sencilla regla de la naturaleza y vuelto la razón contra sí misma, en esa medida hemos aumentado las locuras y miserias de la humanidad. Cuanto más a fondo penetramos en el laberinto del arte, más lejos nos hallamos de esos fines por los que entramos en él[50]. Esto ha ocurrido en casi todo tipo de sociedad artificial y en todas las épocas. Descubrimos, o pensamos que descubrimos un inconveniente al hacer que todo hombre fuera el juez de su propia causa. Por tanto, se establecieron jueces, al principio con poderes discrecionales. Pero pronto resultó una esclavitud miserable de la precariedad de nuestras vidas y propiedades, y de la dependencia de la decisión arbitraria de un hombre o grupo de hombres. Huimos a las leyes como un remedio para este mal. Las leyes nos persuadieron de que podríamos conocer con alguna certeza qué terreno pisamos. ¡Pero mirad! Surgieron diferencias sobre el sentido e interpretación de esas leyes. Así fuimos devueltos a nuestra vieja incertidumbre. Se hicieron nuevas leyes para exponer las antiguas, y surgieron nuevas dificultades con las nuevas leyes; al multiplicarse las palabras,

---

49. Cf. N. Maquiavelo, *El príncipe*, cap. 15, donde acusa a Platón de establecer repúblicas imaginarias. El noble escritor acusa a todos los legisladores, antiguos y modernos, de la misma práctica.

50. Toda la discusión de la ley parece ser un ataque a la solución de Locke a los inconvenientes del estado de naturaleza. Cf. el *Segundo tratado sobre el gobierno civil*, secciones 13 y 20, y cap. 9.

las oportunidades de criticarlas también se multiplicaron. Entonces hubo que recurrir a notas, comentarios, glosas, informes, *responsa prudentum*, lecturas eruditas: el águila se enfrentaba al águila, la autoridad se afirmaba contra la autoridad. Unos fueron atraídos por los modernos, otros reverenciaban a los antiguos. Los nuevos eran más ilustrados; los viejos, más venerables. Unos adoptaban el comentario, otros se atenían al texto. La confusión aumentó, la niebla se espesó, hasta que ya no fue posible descubrir lo que estaba permitido o prohibido, qué cosas eran privadas y cuáles comunes. Con esta incertidumbre (incierta aun para los profesores, una oscuridad egipcia para el resto de la humanidad), las partes contendientes quedaron más efectivamente arruinadas por el retraso de lo que habrían quedado por la injusticia de decisión alguna. Nuestra herencia ha pasado a ser un premio en disputa, y las disputas y litigios han pasado a ser una herencia.

Los profesores de la ley artificial siempre han caminado de la mano con los profesores de la teología artificial. Como su fin, al confundir la razón del hombre y recortar su libertad natural, es exactamente el mismo, han ajustado sus medios a ese fin de una manera enteramente similar. El teólogo arroja sus anatemas con más ruido y terror contra la infracción de una de sus instituciones positivas o el descuido respecto a algunas de sus formas triviales, que contra el descuido o infracción de esos deberes y mandamientos de la religión natural que pretende reforzar con esas formas e instituciones. El abogado tiene sus formas, y también sus instituciones positivas, y se adhiere a ellas con una veneración por completo religiosa. La peor causa no puede ser tan perjudicial para el litigante como la ignorancia o descuido de esas formas por parte de su abogado o apoderado. Un pleito es como una engorrosa disputa, en la que el primer objeto queda pronto fuera de la vista y las partes acaban con un tema por completo ajeno a aquel con el que comenzaron. En un pleito la cuestión es: ¿quién tiene derecho a cierta casa o granja? Esta cuestión se decide a diario, no con pruebas de derecho, sino por la observancia o descuido de ciertas formas de palabras usadas por los togados, sobre las que[a] hay entre ellos tal desacuerdo que los veteranos

a. [...] usadas entre ellos, entre los que [...]

más experimentados en la profesión no pueden nunca estar positivamente seguros de no estar equivocados.

Reconvengamos a esos instruidos sabios, esos sacerdotes del sagrado templo de la justicia. ¿Somos jueces de nuestra propiedad? En absoluto. Así pues, vosotros, iniciados en los misterios de la diosa cegada, ¿me informaréis de si tengo derecho a comer el pan que he ganado con riesgo de mi vida o el sudor de mi frente? El grave doctor responde afirmativamente. El reverendo ujier replica negativamente, el ilustre abogado razona sobre un aspecto y otro y no concluye nada. ¿Qué haré? Surge un antagonista y me presiona. Yo entro en liza y contrato a esas tres personas para defender mi causa. Mi causa, que dos granjeros del terruño habrían decidido en media hora, lleva al tribunal veinte años. Yo estoy, sin embargo, al final de mi trabajo, y tengo en recompensa por mi esfuerzo y vejación un juicio a mi favor. Pero fijaos, un sagaz comandante en el ejército del adversario ha descubierto un defecto en el procedimiento. Mi triunfo se vuelve llanto. He usado *o* en lugar de *y*, una equivocación aparentemente pequeña, pero temible en sus consecuencias, y todo mi éxito queda anulado en un mandato de error. Retiro la demanda, voy de un tribunal a otro, voy de la equidad a la ley, y de la ley a la equidad; una incertidumbre igual me espera en todas partes y una equivocación en que no tuve parte decide de pronto sobre mi libertad y propiedad, me lleva del tribunal a la prisión y condena a mi familia a la mendicidad y el hambre. Soy inocente, caballeros, de la oscuridad e incertidumbre de vuestra ciencia. Nunca la he oscurecido con nociones absurdas y contradictorias, ni la he confundido con argucias y sofistería. Me habéis excluido en la conducción de mi causa; la ciencia era demasiado profunda para mí, lo he reconocido, pero era demasiado profunda incluso para vosotros. Habéis vuelto tan intrincado el camino que vosotros mismos os habéis perdido en él; erráis, y me castigáis por vuestros errores.

El retraso de la ley es, me dirá su señoría, un tópico trillado, ¿y cuál de sus abusos no se ha sentido con tanta severidad como para no quejarse a menudo de él? La propiedad de un hombre ha de servirle de apoyo y, por tanto, retrasar una decisión al respecto es la peor injusticia, porque le arranca el fin y propósito por el que apeló a la judicatura. De manera contraria al caso de la vida de un hombre, la decisión no puede prolongarse. Las equivocaciones en este caso ocurren tan a menudo como en el otro y, si el juicio es rápido, las equivocaciones son las más irreparables. De esto son conscientes los caballeros togados, y lo han convertido en una máxima. *De morte hominis nulla est cunctatio longa*[51]. Pero soy incapaz de suponer qué podría haberles inducido a invertir las reglas y contradecir la razón que las dictaba. Un asunto concerniente a la propiedad, que debería, por los motivos mencionados, decidirse rápidamente, con frecuencia pasa a ser objeto del ingenio de innumerables abogados durante muchas generaciones. *Multa virum volvens durando saecula vincit*[52]. Pero la cuestión concerniente a la vida de un hombre, esa gran cuestión ante la cual ningún retraso resultaría tedioso, por lo general se decide en veinticuatro horas como máximo. No ha de sorprender que la injusticia y el absurdo sean compañeros inseparables.

Si preguntáis a los políticos el fin con el que originalmente fueron diseñadas las leyes, responderán que las leyes fueron diseñadas como una protección del pobre y débil contra la opresión del rico y poderoso[53]. Pero a buen seguro ninguna pretensión puede ser tan ridícula; de igual modo, un hombre podría decirme que me ha quitado mi peso porque ha cambiado la carga. Si el pobre no es capaz de mantener su pleito, a la manera vejatoria y costosa establecida en los países civilizados, ¿no tiene el rico una ventaja sobre él tan grande como el fuerte sobre el débil en el estado de naturaleza? Pero no pondremos el estado de naturaleza, que es el reino de Dios, a competir con la sociedad política, que es la absurda usurpación del hombre. Es cierto que en el estado de naturaleza un hombre de fuerza superior puede golpearme o robarme, pero también es cierto que tengo plena libertad de

---

51. «A la hora de matar a un hombre ningún trámite es demasiado largo» (Juvenal, *Sátiras*, VI, 221). Es la réplica de un esposo a su mujer, que quiere que un esclavo sea crucificado aparentemente sin razón.

52. «Perdura a través de muchas generaciones de hombres» (Virgilio, *Geórgicas*, II, 295). Virgilio describe un árbol que sobrevive a los hombres.

53. En la segunda parte del *Discurso sobre el origen y los fundamentos de la desigualdad entre los hombres* de Rousseau, el discurso que el fundador de la sociedad civil pronuncia para persuadir a los demás de que se unan es esencialmente el mismo con el que los políticos, según afirma aquí el noble escritor, justifican la sociedad civil.

defenderme a mí mismo o ejercer represalias por sorpresa o con astucia, o de cualquier manera en que sea superior a él. Pero en la sociedad política un rico puede robarme de otra manera. No puedo defenderme a mí mismo, pues el dinero es la única arma con la que está permitido luchar. Si trato de vengarme, toda la fuerza de la sociedad está dispuesta a completar mi ruina.

Un buen pastor dijo una vez que la religión acaba donde empieza el misterio. ¿No puedo decir de las leyes humanas, al menos con tanta verdad, que la justicia acaba donde empieza el misterio? Es difícil decir si han sido los doctores de la ley o de la teología los que han hecho los mayores progresos en el negocio lucrativo del misterio. Tanto los abogados como los teólogos han erigido otra razón junto a la razón natural, y el resultado ha sido otra justicia junto a la justicia natural. Han engañado tanto al mundo y a sí mismos con formas y ceremonias sin sentido, y han confundido tanto los asuntos más sencillos con la jerga metafísica, que para un hombre de esa profesión supone el mayor peligro dar el menor paso sin consejo y ayuda. Así, confinando a sí mismos el conocimiento de la fundación de las vidas y propiedades de todos los hombres, han reducido la humanidad a la más abyecta y servil dependencia. Somos arrendatarios de la voluntad de estos caballeros para todo, y supone una sutileza metafísica decidir si el mayor villano que alienta llegará a sus postres o escapará con impunidad, o si el mejor hombre en la sociedad no quedará reducido a la más ínfima y despreciable condición. En una palabra, milord, la injusticia, retraso, puerilidad, falso refinamiento y afectado misterio de la ley es tal que muchos que viven bajo ella admiran y envidian la celeridad, simplicidad y equidad de los juicios arbitrarios. Apenas he de insistir en este artículo ante su señoría, pues frecuentemente ha lamentado los misterios derivados para nosotros de la ley artificial y vuestra imparcialidad ha de ser más admirada y aplaudida por ello, pues la noble casa de su señoría ha derivado su riqueza y sus honores de esa profesión.

Antes de acabar nuestro examen de la sociedad artificial haré que su señoría considere con mayor detalle las relaciones a que da origen y los beneficios, si es que los hay, que derivan de esas relaciones. La división más obvia de la sociedad es entre ricos y pobres, y no es menos obvio que el número de los primeros es desproporcionado respecto al de los últimos. Todo el negocio de los pobres es administrar la ociosidad, locura y lujo de los ricos, y el de los ricos, a su vez, es descubrir los mejores métodos para confirmar la esclavitud y aumentar las cargas de los pobres. En el estado de naturaleza, una ley invariable es que las adquisiciones de un hombre son proporcionales a sus trabajos. En el estado de la sociedad artificial, es una ley tan constante como invariable que los que trabajan más disfrutan de menos cosas y que los que no trabajan en absoluto tienen el mayor número de diversiones. Esta constitución de las cosas resulta extraña y ridícula más allá de toda expresión. No creemos lo que se nos dice, lo que realmente tenemos a la vista todos los días sin sorprendernos en absoluto. Supongo que en Gran Bretaña hay más de cien mil personas que trabajan en las minas de plomo, estaño, hierro, cobre y carbón; esos infelices desgraciados no ven la luz del sol, están enterrados en las entrañas de la tierra. Realizan allí una tarea dura y deprimente, sin la menor perspectiva de liberación, subsisten con la paga más grosera y peor, su salud queda miserablemente dañada y sus vidas abreviadas al estar confinados a perpetuidad al vapor de esos malignos minerales. Al menos cien mil más son torturados sin remisión con el sofocante humo, los intensos fuegos y el constante agobio necesario para refinar y manejar los productos de esas minas. Si alguien nos informara de que doscientas mil personas inocentes fueran condenadas a una esclavitud tan intolerable, ¿no compadeceríamos a esos sufrientes infelices, y cuán grande no sería la justa indignación contra quienes infligieran un castigo tan cruel e ignominioso? Éste es un ejemplo, y no podría desear uno mayor, de las cosas innumerables que presenciamos con su ropa cotidiana, y que nos impresionan vistas al desnudo. Pero este número, por considerable que sea, y la esclavitud, con todas sus miserias y horror, que tenemos en casa, no es nada comparado con aquello de la misma naturaleza que el mundo permite. A diario millones se bañan en la venenosa humedad y los efluvios destructivos del plomo, la plata y el arsénico. Por no decir nada de los otros empleos, esos viles y despreciables puestos en que la sociedad civil ha situado a los numerosos *enfants perdus*[54] de su ejército. ¿Se sometería

54. Niños perdidos.

72

un hombre racional a uno de los más tolerables de estos agobios por todos los placeres artificiales que la prudencia ha derivado de ellos? En absoluto. Sin embargo, ¿he de sugerir a su señoría que los que descubren los medios y los que alcanzan su fin no son en absoluto las mismas personas? Al considerar las extrañas e inexplicables ocurrencias e inventos de la razón artificial, he llamado a esta tierra en otro lugar el Bedlam de nuestro sistema. Al fijarme ahora en los efectos de algunas de esas ocurrencias, ¿no podemos con la misma razón llamarla de igual modo el Newgate y el Bridewell del universo?[55]. En efecto, la ceguera de una parte de la humanidad, al cooperar con el frenesí y villanía de la otra, ha sido la auténtica constructora de esta respetable fábrica de la sociedad política, y como la ceguera de la humanidad ha causado su esclavitud, a cambio, su estado de esclavitud resulta un pretexto para seguir en el estado de ceguera, pues el político os dirá con gravedad que su vida de servidumbre descalifica a la mayor parte de la raza humana en la búsqueda de la verdad y no la provee sino de ideas mezquinas e insuficientes. Demasiado cierto es esto, y es una de las razones por las que culpo a tales instituciones.

Con una miseria de este tipo, admitiendo algunas indulgencias, y sólo unas pocas, nueve de cada diez partes de la raza de la humanidad penan en vida. Tal vez pueda alegarse, como paliativo, que al menos la minoría rica obtiene un beneficio considerable y real de la desgracia de la mayoría. Pero ¿es realmente así? Examinemos la cuestión con mayor atención. A propósito, los ricos en todas las sociedades se dividen en dos clases. La primera es la de los que son tan poderosos como ricos y conducen las operaciones de la vasta máquina política. La otra es la de los que emplean sus riquezas por completo en la adquisición del placer. En cuanto al primer tipo, su continuo cuidado y ansiedad y sus días esforzados y noches insomnes son casi proverbiales. Estas circunstancias son suficientes para casi igualar su condición con la de la infeliz mayoría, pero hay otras circunstancias que los sitúan en una condición muy inferior. No sólo su entendimien-

---

55. Bedlam era el nombre popular del Hospital Real de Belén, la más antigua institución británica para los enfermos mentales. Newgate era una prisión en Londres que originalmente formaba parte de la casa de guardia en la entrada oeste de Londres. Bridewell también era una prisión.

to trabaja continuamente, lo que supone el trabajo más severo, sino que su corazón es desgarrado por las pasiones peores, más turbadoras e insaciables, por la avaricia, por la ambición, por el temor y los celos. Ninguna parte del espíritu tiene reposo. El poder extirpa gradualmente del espíritu toda virtud humana y gentil. La piedad, la benevolencia, la amistad son casi desconocidas en las posiciones elevadas. *Verae amicitiae rarissime inveniuntur in iis qui in honoribus reque publica versantur*, dice Cicerón[56]. En efecto, las cortes son escuelas en que la crueldad, el orgullo, el disimulo y la traición se estudian y enseñan con la perfección más viciosa. Éste es un punto tan claro y reconocido que, si no fuera una parte necesaria de mi tema, debería omitirlo por completo. Me ha impedido trazar plenamente, y con los colores más llamativos, el asombroso cuadro de la degeneración y desgracia de la naturaleza humana, en esa parte que vulgarmente se considera su estado más feliz y amable. Ya sabéis con qué originales podría copiar tales cuadros. Felices aquellos que conocen tales cosas lo bastante para saber el escaso valor de sus poseedores, y de todos los que las poseen, y felices los que[a] han sido arrebatados de ese puesto de peligro que ocupan, con los restos de su virtud; la pérdida de honores, riqueza, títulos e incluso la pérdida del propio país no es nada en comparación con tan gran ventaja.

Consideremos ahora el otro tipo de ricos, los que dedican su tiempo y fortuna al ocio y placer. ¿Son mucho más felices? Los placeres que son gratos a la naturaleza están al alcance de todos y, por tanto, no pueden distinguirse a favor de los ricos. Los placeres que el arte reporta rara vez son sinceros y nunca satisfactorios. Y lo que es peor, esta constante aplicación al placer aleja de la diversión o más bien la transforma en un negocio pesado y laborioso. Tiene consecuencias aún más fatales[b]. Produce un débil y valetudinario estado corporal, acompañado por esos horribles desórdenes y aún más horribles métodos de curación que son, por un lado, el

---

56. «Las verdaderas amistades son más difíciles de encontrar entre los que dedican su tiempo a un cargo o negocio público». En *De amicitia* Cicerón describe la amistad entre dos políticos, Cayo Lelio y Escipión el Africano.

a. [...] conocen tales cosas lo bastante para saber su escaso valor, y que han sido [...]

b. [...] mucho peores.

resultado del lujo y, por otro, de los esfuerzos débiles y ridículos del arte humano. Esos hombres no sienten los placeres como tales, al mismo tiempo que causan dolores y enfermedades, experimentados con demasiada severidad. El espíritu tiene su parte de desgracia; se vuelve perezoso y enervado, apático e incapaz de buscar la verdad y por completo incapaz de conocer, mucho menos de disfrutar la auténtica felicidad. Los pobres por su excesivo trabajo y los ricos por su enorme lujo quedan nivelados, y resultan por igual ignorantes de todo conocimiento que pudiera conducir a su felicidad. Una visión deprimente del interior de toda sociedad civil. La parte inferior rota y pisoteada por la opresión más cruel, y los ricos por un método artificial de vida que les acarrea peores males que los que infligiría su tiranía a sus inferiores. Muy diferente es la perspectiva del estado natural. Aquí no existen las necesidades que provienen de la naturaleza, y en ese estado los hombres pueden no ser conscientes de otras necesidades que las satisfechas por un trabajo de tipo muy moderado; por tanto, no hay esclavitud. Tampoco hay lujo, porque ningún hombre puede suministrar sus materiales. La vida es sencilla y, por tanto, feliz.

Soy consciente, milord, de que su político alegará en su defensa que este estado desigual es muy útil; que sin condenar a una parte de la humanidad a un esfuerzo extraordinario no podrían ejercerse las artes que cultivan la vida. Pero pregunto a ese político: ¿cómo han llegado a ser necesarias esas artes? Responde que la sociedad civil no podría existir bien sin ellas. De modo que esas artes son necesarias para la sociedad civil y la sociedad civil es necesaria de nuevo para esas artes. Así corremos en círculo, sin modestia y sin fin, haciendo de un error y extravagancia la excusa de otro. He hablado por extenso con mis amigos de mis sentimientos sobre esas artes y su causa. Pope lo ha expresado en buenos versos, donde habla con la fuerza de la razón y la elegancia de la lengua del estado de naturaleza:

Entonces no había el orgullo, ni artes en auxilio del orgullo,
El hombre caminaba con la bestia, inquilinos de la sombra[57].

---

57. Alexander Pope, *Essay on Man*, epístola 3, vv. 151-152. La cita no es exacta, aunque el sentido es el mismo.

En conjunto, milord, si la sociedad política, cualquiera que sea su forma, ha convertido a la mayoría en propiedad de la minoría, si ha introducido trabajos innecesarios, vicios y enfermedades desconocidos y placeres incompatibles con la naturaleza, si abrevia en todos los países la vida de millones y vuelve a esos millones por completo abyectos y miserables, ¿adoraremos aún a un ídolo tan destructivo y le sacrificaremos a diario nuestra salud, nuestra libertad y nuestra paz? ¿O pasaremos junto a ese monstruoso montón de absurdas nociones y prácticas abominables creyendo que ya hemos desempeñado suficientemente nuestro deber al exponer los triviales engaños y los ridículos malabarismos de unos pocos sacerdotes locos, intrigantes o ambiciosos? ¡Ay!, milord, trabajamos con una consunción mortal mientras nos preocupamos de curarnos un dedo dolorido. ¿Acaso no ha inundado la tierra este Leviatán del poder civil[58] con un diluvio de sangre, como si quisiera divertirse y jugar con ella? Hemos mostrado que la sociedad política, con un cálculo moderado, ha provisto los medios de asesinar varias veces[a] al número de habitantes que hay ahora en la tierra, durante su corta existencia, desde hace no más de cuatro mil años, según los datos de que disponemos. Pero no hemos hablado de la otra consecuencia de esas guerras, que han derramado mares de sangre y reducido a muchos millones a una esclavitud inexorable, y que tal vez sea igual de mala. Esas guerras son sólo las ceremonias celebradas en el pórtico del templo. Son mucho más horribles las que se ven al entrar en él. Las varias especies de gobierno compiten entre sí en lo absurdo de sus constituciones y la opresión que hacen sufrir a sus súbditos. Tomadas de la forma que os plazca, no son, desde luego, sino despotismo, y recaen en efecto y apariencia, tras un breve periodo, en esa cruel y detestable especie de tiranía; y diría, porque hemos sido educados bajo otra forma[59], que es la que genera

58. Cf. la introducción al *Leviatán* de Hobbes.
59. El noble escritor cuestiona casi al final la adecuación del esquema de los gobiernos usado en la *Vindicación*. Es claramente moderno, es decir, tiene su origen en Maquiavelo (*Discursos*, libro 1, cap. 2; libro 2, cap. 2; libro 3, cap. 6). Locke usa la tiranía para designar gobiernos que no protegen los derechos naturales del hombre. Véase el *Segundo tratado sobre el gobierno civil*, cap. 18. Montesquieu divide el gobierno de uno entre monarquía y despotismo,

peores consecuencias para la humanidad. Porque los gobiernos libres, respecto a su espacio y la importancia de su duración, han sentido mayor confusión y han cometido actos de tiranía más flagrantes que los gobiernos despóticos más perfectos que se hayan conocido. Volved la mirada a continuación al laberinto de la ley y a la iniquidad concebida en sus intrincados recesos. Considerad los ultrajes cometidos en las entrañas de todas las repúblicas por ambición, por envidia, fraude, abierta injusticia y supuesta amistad; vicios que podrían tener poco apoyo en el estado de naturaleza, pero que germinan y florecen en la exuberancia de la sociedad política. Rebuscad en todo nuestro discurso, añadidle aquellas reflexiones que os sugiera vuestro buen entendimiento y haced un denodado esfuerzo más allá del alcance de la sabiduría vulgar para confesar que la causa de la sociedad artificial resulta más indefensa que la de la religión artificial; que es tan derogatoria del honor del Creador como subversiva de la razón humana, y que produce infinitamente más perjuicios a la raza humana.

Si las supuestas revelaciones han causado guerras donde han sido resistidas, y esclavitud donde han sido recibidas, las supuestas invenciones sabias de los políticos han causado lo mismo. Pero la esclavitud ha sido mucho más onerosa, las guerras mucho más sangrientas, y ambas más universales en numeroso grado. Mostradme algún perjuicio producido por la locura o maldad de los teólogos y os mostraré cien resultantes de la ambición y villanía de los conquistadores y estadistas. Si me mostráis un absurdo de la religión, conseguiré mostraros ciento por uno en las leyes e instituciones políticas. Si decís que la religión natural es una guía suficiente sin la ayuda extraña de la revelación, ¿por qué principio deberían ser necesarias las leyes políticas? ¿No disponemos de la misma razón en la teología y en la política? Si las leyes de la naturaleza son las leyes de Dios, ¿es coherente que la divina sabiduría nos prescriba normas y conceda su ejecución a la locura de las instituciones humanas?[60] ¿Seguiréis a la verdad hasta cierto punto?

---

llama república al gobierno de más de uno y democracia al gobierno de muchos. Véase *Del espíritu de las leyes*, libro 2, caps. 2, 3.

    a.  [...] asesinar ciento cuarenta veces [...]

    60.  Cf. A. Pope, *Essay on Man*, epístola 3, vv. 144-150.

Todas nuestras miserias se deben a nuestra desconfianza de esa guía que la Providencia consideraba suficiente para nuestra condición, nuestra razón natural, pues al rechazarla en las cosas tanto humanas como divinas inclinamos la cerviz al yugo de la esclavitud política y teológica. Hemos renunciado a la prerrogativa del hombre, y no es de sorprender que debamos ser tratados como bestias. Pero nuestra miseria es mucho mayor que la suya[a], así como el crimen que cometemos al rechazar el dominio legítimo de nuestra razón es mayor que el que ellas puedan cometer[b]. Si, a la postre, habéis de confesar estas cosas y, sin embargo, abogar por la necesidad de las instituciones políticas, por débiles y malvadas que sean, puedo argüir con igual fuerza, tal vez superior, respecto a la necesidad de la religión artificial, y todo paso que deis en vuestro argumento añadirá fuerza al mío. De modo que si vamos a someter nuestra razón y nuestra libertad a la usurpación civil, no tenemos sino que conformarnos tan tranquilamente como podamos a las nociones vulgares que se relacionan con ésta, y asumir la teología del vulgo[c] tanto como su política. Pero si juzgamos esa necesidad más imaginaria que real, deberemos renunciar a los sueños de la sociedad, junto con sus visiones de la religión, y vindicarnos con perfecta libertad[61].

Vos, milord, acabáis de entrar en el mundo; yo voy a salir de él. He actuado lo suficiente para estar cordialmente cansado del drama. Si he interpretado mi papel bien o mal, la posteridad lo juzgará con más imparcialidad que yo, o de lo que pretenda hacerlo la época actual, con nuestras actuales pasiones. Por mi parte, lo abandono sin un suspiro y me someto al orden soberano sin un murmullo. Cuanto más nos aproximamos a la meta de la vida, mejor comprendemos el verdadero valor de nuestra existencia y el auténtico peso de nuestras opiniones. En ambas nos encaminamos con mucho amor, pero dejamos mucho tras nosotros a medida que avanzamos. En primer lugar, desechamos los cuentos

---

61. Éste es el único pasaje de la carta, aparte del título, en que aparece una forma de la palabra «vindicación». Cf. J. Locke, *Segundo tratado sobre el gobierno civil*, secciones 4-6.

a. [...] mucho mayor, así [...]
b. [...] es mayor. Si, a la postre [...]
c. [...] asumir su teología tanto [...]

junto con los sonajeros de las nodrizas; los de los sacerdotes mantienen su prestancia un poco más; los más duraderos son los de los gobernantes. Pero las pasiones que apuntalan esas opiniones se retiran una tras otra, y la fría luz de la razón en el crepúsculo de la vida nos muestra qué falso esplendor ostentaban esos objetos durante los periodos más sanguíneos. Seréis feliz, milord, si, instruido por mi experiencia, e incluso por mis errores, alcanzáis pronto la estimación de las cosas que puedan conceder libertad y calma a vuestra vida. Yo soy feliz porque esa estimación me promete consuelo en mi muerte.

# ÍNDICE ONOMÁSTICO

Agesilao: 37
Agrícola: 56
Alejandro Magno: 37, 50
Anaxágoras: 59
Anaxarco: 50n
Antíoco: 40
Arístides: 59
Atenas (atenienses): 37, 57

Boccaccio, Giovanni: 35n
Bolingbrooke, vizconde (Henry St. John): 12-14, 21, 23, 26, 29n, 50n
Burke, Edmund
–, conservadurismo de: 9, 10, 12-15
–, coherencia de: 10, 11, 13, 16
–, vida de: 10-11

Calístenes: 30n
Cartago: 60
César, Julio: 40
Cicerón: 74
Clito: 50n
Coke, Sir Edward: 24

Esparta: 60

Florencia: 60

Guicciardini, Francesco: 32

Hamilton, William: 11
Hobbes, Thomas: 2, 14, 33, 50n
Hooker, Richard: 52n

Isócrates: 23

Jerjes: 36, 37n
Judea: 40-41
Justino: 34n, 35
Juvenal: 62n, 66n, 70n

Locke, John: 12, 14, 16, 29n, 35n, 51, 52n, 67n, 76n, 78n
Lucrecio: 28n, 29n

Maquiavelo, Niccolò: 33, 45n, 47, 67n, 76n
Milcíades: 59
Mitrídates: 39
Montesquieu, Charles: 28n, 30n, 36n, 45n, 61n, 62n, 63n, 65n, 76n

Nerón: 49

Nino: 35

Pisístrato: 55n
Platón: 62n, 67n
Plutarco: 50
Polonia: 54
Pope, Alexander: 12, 63, 75n, 77n

Roma: 59-61
Rousseau, Jean-Jacques: 28n, 29n, 33n

Semíramis: 35-36
Séneca: 49n
Sesostris: 34-35
Sicilia: 38

Sila (Sulla, Lucius Cornelius): 39-40
Sócrates: 59
Solón: 55
St. John Henry (v. Bolingbroke, vizconde)

Tácito: 41
Temístocles: 59
Timoteo: 23n

Venecia: 54, 61n
Virgilio: 70n

Yugurta: 40

Zenón de Citio: 28

# ÍNDICE ANALÍTICO

abogados: 68, 70-71

amistades: 74n

anarquía, el despotismo peor que la: 51-52

argumentos especiosos: 23

aristocracia: 52-54, 60n (*v. tb.* gobierno, forma mixta de)

artes que cultivan la vida: 75

ateos: 61

conquista: 34-36, 41n (*v. tb.* guerra; imperio)

conservadurismo: 10, 12

corrupción: 54, 57

cuerpo, relación con el espíritu: 28-29

*De rerum natura* (Lucrecio): 28n, 29n

defensa de sí mismo: 71

*Del espíritu de las leyes* (Montesquieu): 28n, 30n, 61n, 62n, 63n, 65n, 76n-77n

democracia: 55-61, 76n-77n (*v. tb.* gobierno, forma mixta de)

– como tiranía: 55, 56, 58-59

derechos

–, determinación judicial de los: 68-69

–, el partido gubernamental y los: 64

–, infracción gubernamental de los: 47

– naturales: 61, 68-69

despotismo: 48-49, 51-56, 59n, 76

destrucción (*v.* guerra)

*Discurso sobre el origen y los fundamentos de la desigualdad entre los hombres* (Rousseau): 28n, 29n, 33n

*El príncipe* (Maquiavelo): 33n, 45n, 67n

epicureísmo: 28n

escitas: 34n, 35n

esclavitud: 46, 76, 78

–, aristocracias y: 52, 54, 55

–, despotismo y: 48-49, 51

– de los pobres: 72-73

– en Atenas: 55, 59, 60

– en Roma: 60

espíritu, relación con el cuerpo: 28-29

estado de naturaleza: 14-15, 25, 33, 44-45, 75, 77
–, adquisiciones proporcionadas al trabajo en el: 72
–, defensa de sí mismo en el: 71
–, descripción del: 29
–, despotismo comparado con el: 51
–, ricos y pobres como inexistentes en el: 75
Estados (naciones)
–, amistad entre: 32-33
–, división artificial en: 46-47
–, enemistad entre: 32-33 (v. tb. guerra)
estoicismo: 28

filósofos (filosofía)
–, apología del despotismo y los: 49-50
–, argumentos especiosos de los: 22-25

galos: 39
gobierno
– aristocrático: 52-54
– democrático: 55-61
– despótico: 48-49, 51-56, 59n, 76
– en Gran Bretaña: 65-67
–, forma mixta de: 62-67
– monárquico: 35n, 51n, 62, 76n
– oligárquico: 60n, 61
– popular: 55, 56, 57, 60, 62 (v. tb. democracia)
–, religión y: 31-32
– republicano: 52-54, 55-56, 59-60, 76n
– tiránico: 46, 47-56, 58-59, 60, 76

godos: 41
griegos: 37-38 (v. tb. Atenas)
guerra(s): 32-45, 47, 76, 78
– de la Galia: 40
– españolas: 40
– púnicas: 39
– religiosas: 42n
– serviles (antigua Roma): 40
– social (antigua Roma): 40

hunos: 41

imperio: 35n (v. tb. Imperio persa; Imperio romano)
Imperio persa: 36
Imperio romano: 38-41, 41n, 56
islámicas, invasiones: 42n

judíos: 40-41
jueces: 67, 69-70, 71
justicia: 65, 69, 71
–, infracciones gubernamentales de la: 47-48

lacedemonios: 37-38
legisladores: 45n, 47n, 67n
Leviatán (Hobbes): 33n, 50n
ley
– artificial: 30, 31, 67, 77 (v. tb. legisladores; litigios)
– de la naturaleza: 48, 77
–, función de la: 70-71
–, monopolio de los abogados en el conocimiento de la: 70-71
–, la naturaleza humana y la: 47n
libertad: 48, 49, 53-54, 66, 68, 78
– de defenderse a sí mismo, en el estado de naturaleza: 71
–, democracia y: 55, 56, 60
libertinaje: 50, 54, 58

litigios (pleitos): 68-70
–, retrasos en los: 69-70
lujo: 72, 75

macedonios: 37, 50n, 57
mal(es)
– naturales: 28, 31-32
–, naturaleza humana como el:
47n
– sociales: 46, 66, 67, 68, 75
mérito, odio y sospecha del: 56-
57, 59n
mineros: 72
miserias: 28n, 73, 77
monarquía: 35n, 51n, 62, 76n (v.
tb. despotismo; gobierno, forma mixta de)
muerte: 42n-43n (v. tb. guerra)

naciones (v. Estados)
naturaleza humana: 47n
–, despotismo como degrada-
ción de la: 51

oligarquía: 60n, 61
opresión (v. esclavitud; pobres; tiranía)
oradores atenienses: 57

partidos políticos: 57, 64, 65, 66
*Philosophical Works* (Bolingbroke):
21-23, 50n
placer, búsqueda del: 74, 75-76
pobres: 71-73, 75
–, las leyes y los: 69-70
poder
– como corruptor: 49, 74
– de los ricos: 69-70
–, error subyacente al legislativo artificial: 62
políticos: 69, 73, 77

propiedad, decisiones judiciales sobre la: 69-70

razón: 31, 67, 68, 77
–, rechazo de la: 77
religión: 31
– artificial: 15, 31, 77-78
– natural: 16, 48, 61, 68, 77
– revelada: 15, 31, 77
–, sociedad civil y: 15
*República* (Platón): 62n
repúblicas: 52-54, 55-56, 59-60
Revolución americana: 11
Revolución francesa: 9, 11
ricos: 71,73-75
– en busca de placer: 75-76
– en busca de poder: 75-76
–, las leyes y los: 69-70

*Segundo tratado del gobierno civil*
(Locke): 29n, 35n, 51, 52n,
67n, 76n, 78n
sociedad
–, fundamentos de la: 14-16, 25
sociedad artificial: 14, 29n, 47-49,
59 (v. tb. sociedad civil; sociedad política)
–, desigualdad entre ricos y pobres en la: 71-75
–, razonamiento de los partidarios de la: 67-68
–, religión artificial como más
defendible que la: 77-78
sociedad civil (v. tb. sociedad artificial; sociedad política)
–, desigualdad entre ricos y pobres en la: 72
–, guerra y: 35n, 42n
–, justificación de la: 70n
–, la razón rechazada por sumisión a la: 78
–, necesidad de la: 15

–, religión artificial y: 15, 31

sociedad natural: 14-15, 29, 61

–, descripción de la: 29

sociedad(es) política(s): 28, 30 (*v. tb.* gobierno; Estados; sociedad artificial; sociedad civil)

–, división artificial en la: 46-47

–, guerra y: 32-45, 76

–, la tiranía y la: 46, 47-56, 59-60, 76

–, males de la: 75-78

–, ricos y pobres en la: 70, 73-74, 75

subordinación (*v.* esclavitud; tiranía)

superstición: 31

tiranía: 46, 47-56 (*v. tb.* aristocracia; despotismo)

– eclesiástica: 31-32

–, gobierno como: 60, 76

trabajo

– en el estado de naturaleza: 72, 75

– en la sociedad artificial: 72-73, 75

vándalos: 41

verdad: 30-31

–, supresión de la: 57

vicios: 65n, 76

*Vindicación de la sociedad natural* (Burke)

– como sátira frente al tratado serio: 13-14, 21n-22n, 42n

–, forma ficticia de: 12, 14, 25n

–, publicación de: 10-13

virtud: 30